DICTIONNAIRE FRANÇAIS – KURDE

FERHENGA FRANSÎ – KURDÎ (kurmancî)

Bawer OKUTMUSTUR
Cenap KARADUMAN

Bawer OKUTMUSTUR
Cenap KARADUMAN

DICTIONNAIRE FRANÇAIS – KURDE

FERHENGA FRANSÎ – KURDÎ (kurmancî)

© 2016 Bawer OKUTMUSTUR - Cenap KARADUMAN

Edition: BoD - Books on Demand
12/14 rond-point des Champs Elysées
75008 Paris
Imprimé par BoD – Books on Demand, Norderstedt

ISBN : 9782322077151
Dépôt légal : Mai 2016

"la langue est le pilier fondemental…"
Celadet Elî Bedirxan

Préface

Nous avons souhaité commencer notre préface par une citation de Mîr Bedirxan. De son époque à nos jours, les travaux et recherches sur la langue kurde ont beaucoup avancé. Les savants, les kurdologues, les chercheurs, les enseignants et les élèves qui s'intéressent à la langue kurde sont de plus en plus nombreux. Il est désormais possible d'affirmer que la langue kurde a enfin trouvé sa place parmi les familles linguistiques dans le monde.

Les travaux sur les dictionnaires peuvent être considérés comme des travaux de recherche à part entière. Depuis quelques années, de nombreux dictionnaires kurdes en langues étrangères ont vu le jour.

Après la parution de notre « Guide de conversation français-kurde » en 2011, les sollicitations de nos lecteurs nous ont encouragé à préparer un dictionnaire pratique et utile. Suite à cette demande, nous avons constaté qu'il était quasiment impossible de trouver des dictionnaires français-kurdes dans les libraires et bibliothèques, excepté quelques rares dictionnaires anciens et peu adaptés aux besoins de nos jours. Pour un premier dictionnaire, il était important que notre dictionnaire bilingue réponde aux besoins actuels. Pour la première édition, nous avons délibérément fait le choix de la simplicité en évitant la répartition des mots en classes lexicales (noms, verbes, adjectifs, etc.) afin de rendre le dictionnaire plus accessible et plus simple. Nous espérons que les futures éditions seront plus complètes.

Pour finir, nos remerciements les plus sincères et chaleureux vont à nos parents.

NB: Vous pouvez nous adresser vos remarques, suggestions ou encore les éventuelles erreurs qui nous auraient échappé.

kurdiferheng@gmail.com

"Ziman hîmê bingehîn e"
Celadet Elî Bedirxan

Pêşgotin

Me xwest bi peyvên Mîr Bedirxan dest bi gotinên xwe bikin. Ji demên wî heta niha, hêjayê gotinê ye ku xebat û lêkolînên li ser zimanê kurdî gelek pêş ketin. Zanyar, kurdolog, lêkolîner, mamoste û xwendekarên ku li ser kurdî mijûl dibin, roj bi roj zêdetir bûn. Em dikarin bêjin ku, zimanê Kurdî di nav malbata zimanên cîhanî de cihê xwe girtiye.

Xebatên li ser ferhergan jî beşek ji karên lêkolînan tê hesibandin. Di salên dawîn de gelek ferhengên kurdî, bi gelek zimanên biyanî hatin çêkirin. Piştî xebata me ya bi navê "Rêbera Axaftinê: Fransî - Kurdî" ku di dawiya sala 2011an de çap bûbû, zor daxwaz li me hatin kirin da ku em ferhengeke hêsan û rojane ya kurdî-fransî jî amade bikin. Bi vê armancê, me hewl da ku di pirtûkxane û pirtûkfiroşan de ferhengên kurdî-fransî peyda bikin. Lê mixabin, me çi pirtûkfiroşan de ferhengek firotinê nedît. Ji hêla din, digel ku me çend minakên ferhengên kevn di pirtûkxaneyên taybetan de peyda kiribin jî, bala me kişand ku van mînakan pêdiviya îroyîn çareser nakin. Berî her tiştê, divê herkes bi hêsanî karibe ferhengê ji pirtûkfiroşan peyda bike. Ji bilî vê yekê, ji bo destpêkê, çêtir e ku ferheng sivik be û hewcedariya rojane bi cîh bîne. Di van çarçoveyan de, me xwest ferhengeke destpêkê amade bikin. Ji bo çapa yekemîn, me biryar da ku her çend peyvên teknîkî, zanistî, zayend û cûreyên peyvan kêm be, ew çend ferhenga me dê hêsantir be û bikêr bê. Em hêvîdar in ku, di capên din de, bi tevlêkirina wan kêmasiyan, dê ferhenga me dewlemendtir bibe.

Wek gotina dawî, em ji malbatên xwe re sipas dikin.

Têbinî: Ji kerema xwe, ji bo rexne, kêmasî, tîpguhêz, xeletî an jî pêşniyarên xwe, ji me re binivîsin:

kurdiferheng@gmail.com

DICTIONNAIRE FRANÇAIS – KURDE

FERHENGA FRANSÎ – KURDÎ (kurmancî)

Bawer OKUTMUSTUR
Cenap KARADUMAN

DICTIONNAIRE FRANÇAIS – KURDE

FERHENGA FRANSÎ – KURDÎ (kurmancî)

abandonner; dev jê berdan, jêgerîn, terikandin
abasourdi; gêj, şeqizî, tengezar
abattre; hilweşandin, qulibandin
abeille; moz
abîmé; xerabûyî, rizi(yayî), helisî, pûç
abîmer; xera kirin, rizandin, pûç kirin, helisandin
ablution; avdest, destnimêj, desmêj
abondant; gelek, zêde, mişe
abonné; abone
aboyer; (k)ewtîn
abri; sitargeh, sitar, penah, talde
abricot; mişmiş, qeysî, arûng
abriter; sitar kirin, stirandin
absence; tunebûn, tineyê, pinêwuz
absolu; ferzîne, mitleq
absolument; mitleqe
académicien; akademîsyen
académie; akademî
académique; akademîk
accent; aksan, devok
accepter; pejirandin, qebûl kirin
accident; qeza
accolade; hem(b)êzkirin
accompagner; pê re çûn, pêk ve çûn, hevaltî kirin
accompli; çêbûyî, qedandî, kutakirî
accomplir; qedandin, bi dawî kirin, çêkirin, kuta kirin
accord; peyman, îtifaq
accrocher; daleqandin
accueillir; pêşwazî kirin, çûn pêşewaziyê
accusateur; tawanbarker, sûcker
accuser; tawanbar kirin, sûcdar kirin
achat; kirîn, kiryarî, danûstandin
acheter; kirîn, stendin
achever; qedandin, bi dawî kirin
acide; tirşokî, tirş
âcre; tehl, tahl
acrobate; akrobat
acrobatie; akrobasî

acte; bendname, belge
action; aksyon
actionnaire; xwedîpar, pardar
activisme; aktîvîzm, çalaksazî
activiste; aktîvîst, çalaksaz
actualité; aktûalite, rojev
actuel; aktûel, rojanî, îroyî
adaptation; adaptasyon, lêanîn
adjectif; rengdêr
admettre; pejirandin, qebûl kirin
adolescent; gihîştî
adorer; perestin, zêde hez kirin
adresse; navnîşan, nîştingeh, adres
adresser; şandin
adulte; gihîştî, reşîd
adverbe; hoker
aérien; hewayî, esmanî
aéroport; balafirgeh, firokgeh
affaiblir; lawaz kirin, hêjar kirin, qels kirin
affamé; birçî
affirmer; îddia kirin, angişandin
affreux; lewitî, kirêt, kambax
afin de; ji bo
âge; temen, emr, sal
âgé; kalepîr, kal, pîr
agence; ajans
agenda; agahname
agent; ajan, sîxur
agiter; çeliqandin, cimandin
agneau; berx
agnelet; berxik
agora; agora, qada gel
agrafeuse; zimbe
agrandir; mezin kirin, berz kirin
agressivité; êrişkarî, êrişkerî
agricole; çandinî
aide; alî(karî)
aide-mémoire; anîbîr

aider; alî(karî) kirin
aiguière; misîn
aiguille à tricoter; pîj, sîx
ail; sîr
aile; bask, per
aimable; xweşnaz, xwîngerm, nazenîn, şêrîn
aimant; hesindiz
aimé; hezkirî, delal, dildar
aimer; hez kirin, dildan
air; hewa
aisselle; binçeng, navçeng
ajouter; tevlê kirin
album; albûm
alcool; alkol
alcoolique; alkolîk
alcoolisme; alkolîzm
algorithme; algorîtma
aliment; xwarin, adan
alléger; sivik kirin
Allemagne; Almanya
allemand; almanî
aller; çûn, çûyin, herîn
allergie; alerjî
allergique; alerjîk
allonger; dirêj kirin
allumer; vêxistin, ronî kirin, pêxistin
allumette; pêtik
alphabétique; alfabetîk
alpiniste; çiyager
alternatif; vebijark, alternatîf
amande; behîv
amazone; amazon, jina siwarî
ambassade; balyozxane, sefaret
ambulance; ambûlans
âme; ruh, giyan, can
amende; cezayê diravî
amener; anîn, înan, hênan
amer; tehl, tahl

américain; amerîkayî
Amérique; Amerîka
ami; heval, dost, hogir
amitié; hevaltî, dostanî, nasyarî
amour; evîn, eşq, beng
amoureusement; evîndarane, dildarane, bengiyane
amoureux; evîndar, dilketî, dildar, bengî
amphithéâtre; amfîteatr, amfîşano
ampoule; ampûl
amusant; bihezm, hengdar
amuser; kêfa xwe pê kirin
an; sal
analogie; analojî, hevşibinî, lihevçûn
analyse; analîz, dahûrîn
analyste; analîst, analîzker, dahûrîner
ananas; ananas
anarchiste; anarşîst
anatomie; anatomî
anatomique; anatomîk
ancien; kevn, kevnare, qedîm
âne; ker
anesthésie; anestezî, bêêşkirin, hestkûjî
ange; melek, milyaket, ferîşte
anglais; îngilîz
angle; goşe, qunc, hêl
Angleterre; îngilîstan
anglo-saxon; anglosakson
angoisse; diltengî, azardilî, tengezarî
angulaire; goşedar, biqunc, bigoşe
animal; heywan, ajal, sewal
animateur; pêşkêşker
anneau; gûstîl
année; sal
anniversaire; rojbûn
annonce; anons
annuel; salane, hersalî
annuellement; hersal, salane
annulation; betalkirin

ânon; daşik, canî
anonyme; anonîm, gelerî
anormal; anormal, neasayî, nesiruştî
antenne; antên, pevjik
antériorité; pêşî, pêştir
anthropologie; antropolojî, mirovnasî, mirovzanî
anthropologue; antropolog, mirovnas, mirovzan
antibiotique; antîbiyotîk
anticipation; pêşbîrî, pêşbînî, pêşdîtin
antinomie; antînomî, lihevnekirî, dijîtî, nakokî
antipathie; antîpatî, xwînsarî, rûsarî
antipathique; antîpatîk, xwînsar, rûsar
antique; antîk, kevnar
août; gelawêj, tebax
apercevoir; dîtin, ferq kirin
apeurer; tirsandin, çav tlrsandin
apparaître; xuya kirin
appareil; makîne, amûr
apparent; xuya, diyar, aşkere, berçav
appel; bang, gazî, bangewazî
appeler; bang kirin, gazî kirin, ban kirin
appétit; îşteh, bij
applaudir; li çepika xistin, çepik lêdan
apport; anîn, par
apporter; anîn, înan, hênan
apprécier; ecibandin, pesnandin, pesindan
apprendre; hewisîn, hîn bûn, fêr bûn
apprenti; şagirt
apprentissage; fêrbûn, hînbûn
apprivoisé; kedî
approcher; nêz(ik) bûn, nêz hatin
approfondir; kûr kirin, dorfireh kirin, berfireh kirin
appuyer; piştgirî kirin, piştevanî kirin
âpre; tehl, tahl
après; paşê, piştre, dû (re), bi şûn de
après-demain; dusibe, dusibê
après-midi; nîvro, nîvroj
aqueux; avî, biav

arabe; ereb, erebî
araignée; pindepîr, pîrhebok, pîrhevonek
arbitre; hekem, dadmend
arbre; dar
arc; kevan
arc-en-ciel; keskesor, bûkabaranê, heftreng
archaïque; arkaîk, dereçaxî
archéologie; arkeolojî, bastannasî, şûnwarnasî
archéologue; arkeolog, bastannas, şûnwarnas
archipel; komgirav, axirpel
architecte; avahîsaz, mîmar
architecture; avahîsazî, mimari
archivage; arşîvkirin
archive; arşîv
ardoise; erdaz, kevirê şemetok
argent; pere
aristocrate; arîstokrat
aristocratie; arîstokrasî
arithmétique; arîtmetîk
arme; çek
armé; çekdar, çekbaz
armée; artêş
Arménie; Ermenistan
arménien; ermenî
armer; bi çek kirin, bi sîleh kirin
armistice; çekdanîn, agirbest
armoire; dolab
armurerie; çekfiroşgeh
armurier; çeksaz
arrangement; arajman, bikeyskirin, birêkûpêkkirin
arrêt; rawest, rawestgeh, sekin
arrêter; sekinandin, rawestandin
arrêter (s'~); sekinîn, rawestîn
arrière-grand-père; bavbapîr
arrivée; gihîştin, gihaştin, gihan
arriver; hatin, gihîştin, gihaştin
arrogance; pozbilindî, quretî
arrosage; avdan, avdarî

arrosé; avdayî, avî, şilek
arroser; av dan
arroseur; avdêr
arrosoir; avdank
artiste; artîst, hunermend
artistique; artîstîk, hunerane
ascendante; serberjor
ascenseur; asansor, hilanok
aseptique; aseptîk, bêmîkrob
asiatique; asyayî
asphalte; asfalt
aspirateur; aspirator
aspirine; aspirîn
assaut; êriş, nijde
assèchement; hişkbûn, ziwabûn
assembler; civandin, kom kirin, hevcivandin
asseoir; rûniştandin, bi cîh kirin, danîşandin
assiette; teyfik, sênik
assimilation; asîmîlasyon, bişavtin, dirûvandin
assimilé; asîmîle, bişaftî
assis; rûnîştî, rûniştandî, veniştî
associatif; komeleyî
association; komel
associé; şirîk, parmend
assurance; bîme, sigorta
astre; stêrk
astrologie; astrolojî, stêrnasî, stêrzanî
astrologue; astrolog, stêrnas, stêrzan
astronaute; astronot, stêrger, esmanger
astronome; astronom, esmannas, esmanzan
astronomie; astronomî, esmannasî, esmanzanî
asymétrie; asîmetrî, bêsîmetrî
asynchrone; asenkron, nehevedem
atelier; atolye, kargeh
athée; ateîst, xwedênenas
athéisme; ateîzm, xwedênenasî
athlète; atlet
athlétisme; atletîzm

atmosphère; atmosfer, mehwa
atome; atom
âtre; agirgeh, agirdank
attacher; girêdan, pê ve kirin
attaque; êriş, rikêfkirin
attaquer; êrîş kirin
atteindre; gihandin, gihaştin
attentif; baldar, bidîqat, dêhndar
attention; bal, hay, dêhn
atterrir; venîştin, daketin, dahatin
attraper; qefaltin, pê girtin, girtin, ragirtin
auberge; mêvanxan, xan
aucun; qet, hîç, çi, tu
au-delà; jê wê de, wêdetir
au-dessous; di bin...de
au-dessus; li ser
auge; afir
aujourd'hui; îro(j)
aumône; tesediq, sedeqe, xêrat
auparavant; caran, berê, ewilî
auriculaire; tiliya biçûk, pêçîka qiliçê, qilîçik
aussi; jî
aussitôt; heman, yekser
automne; payîz
automobile; otomobîl, trembêl, seyare
autonome; xweser, otonom
autorisation; destûr, rêdan
autoriser; destûr dan, rê dan
autoritaire; zordest, otorîter
autorité; otorîte, zordestî
autre; din, dîtir
autrefois; demekî, wextekî, berê
autrement; an (na), yan, ango
avalanche; şepe, şetele, şape, berfende
avaler; daqultandin, daqurtandin, qurpandin
avance; avans, pêşinde
avancé; pêşveçûyî, pêşketî
avancer; pêş ve çûn, pêş ketin

avant; berî, berê, pêş, ewil
avant-hier; pêr
avare; çavteng, çikûs, çilûz, tima
avarice; çavtengî, çikûsî, çilûzî, timatî
avec; bi, ligel, digel
aventure; serborî, serpêhatî
avenue; kolan
averse; rêjne, çiloyî
averti; agahdar, haydar, hişyar
avertir; agahdar kirin, haydar kirin, hişyar kirin
avertissement; agahdarî, hişdarî
aveugle; kor, bêçav
aveuglément; korkorane
aviateur; balafirvan
aviation; balafirvanî
avide; çavbirçî, têrnebûyî, hût
avidité; çavbirçîtî, hûtî
avion; balafir, firok
avis; daxuyanî, danezanî, bangewazî
avocat; parêzer
avoir; hebûn, xwedî bûn
avouer; aşartin, mikur hatin
avril; nîsan, avrêl
baccalauréat; dîploma lîsê
bactérie; bakterî
bagage; bagaj, bar
bagarre; pevçûn, şer
bagarrer (se ~); şer kirin, pevçûn
bague; gustîl, hangulîsk
baie; kendav
baignoire; banyo
bâillement; bawişk
bâiller; bawişkîn, bêhnijîn
bain; serşok, hemam
baiser; ramûsan, maç, maç kirin, ramûsîn
baisse; kêmbûn, daketin, hindikbûn
baisser; danîn, daketin, kêm bûn
bakchich; bexşîş**

balade; ger, geşt, seyran
balai; gêzik, melkes, sivnik
balai-brosse; firçe
balance; mêzîn, qapan
balançoire; hêlekan, zemzîlok
balayer; malîn, maliştin
balcon; balkon
baleine; balîna
balle; gog, gulle
ballon; balon, gog
bamia; bamiye
banane; mûz
banc; rûniştek
bande; pêçang, pêç(ek)
bandeau; çavbend, şaşik
bandit; cerdevan, rêbir
banditisme; cerdevanî, rêbirî
banlieue; banliyo
banque; bank
baptême; babtîs, mêrûn
bar; bar
barbare; hov, barbar
barbarie; hovatî, barbarî
barbe; rî, rih
barman; barmen
baromètre; barometre
barque; destekeştî, lotke
barrage; baraj, bend
barreau; baro
barrer; xêz kirin
barrette; berbisk
barrière; berbest, asteng, bend
bas; jêr, bin, xar
basket; basket
bassin; legan
bassine; teşt
bastonnade; kotek, kutan, lêdan
bas-ventre; binzik

bataille; şer, tekoşîn
bâtard; bêbav
bateau; keştî
bâtiment; avahî
bâtir; lêkirin, ava kirin
battre; lêxistin, lêdan
bavarder; devbelaşî kirin, galegal kirin
bave; girêz, gilêz, avşûtik
baver; girêz ji dev hatin
bavoir; berdilk
bazar; bazar
beau; bedew, delal, rind
beaucoup; gelek, pirr, zor
beau-fils; zirkur
beau-père; xezûr
beauté; bedewî, rindî, xweşikî
bébé; zarok, pitik
bec; nikil, gulpik, gepik
belge; belçîkî
Belgique; Belçîka
bélier adulte; beran
belle-fille; bûk
belle-mère; xesî, xesû
belle-sœur; birajin
béquille; darçeng, çov
berceau; dergûş
bercer; dergûşandin
berger; şivan
besoin; pêwîstî, pêdivî, hewceyî
bestial; heywanî
bétail; heywan, ajalên kêriyê
bêtise; aqilkêmî, xêvîtî
béton; beton
betterave; silq, şêlindir
beurre; nivîşk
biberon; bîberon, mostik
bibliographie; bîbliyografî, jînenîgarî
bibliothèque; pirtûkxane, kîtêbxane

bicéphale; duserî
bicyclette; bisîklêt
bien; baş, çak
bien-aimé; delalî, serdil, şîrîn
bienfaiteur; xêrkar, keremkar, qencîxwaz
bientôt; di nêz de, di demeke kin de
bienveillance; başîxwazî, qencîxwazî, xêrxwazî
bienveillant; başîxwaz, qencîxwaz, xêrxwaz
bienvenu; xêrhatî
bienvenue; xêrhatin
bière; bîra, avceh
bigamie; dujinî
bijou; cewahir, xişir
bilan; terazname, encam
bilatéral; dualî
bilatéralité; dualîtî
bille; bîlye, xar
billet; bilêt
bimestriel; dumehî
biologie; biyolojî
biologique; bîolojîk
biscotte; kilîçe
biscuit; bîskuwît
bisou; maç, maçik
bizarre; balkêş, ecêp, sosret
blâmer; şermezar kirin, lome kirin, lomandin
blanc; gewr, sipî
blancheur; gewrahî, sipîtî
blé; genim
blessé; birîndar
blessure; birîn, kul
bleu; hêşîn, şîn
blond; çûr, kej, zerdik
bloquer; berbest kirin, asteng kirin
bœuf; ga
boire; vexwarin
bois; dar, bûşelan
boisé; daristanî

boisson; vexwarin
boîte aux lettres; qutiya postê
boiter; kulîn, kulandin
boiteux; kulek, qop
bol; tas
bolchévik; bolşevîk
bolchévisme; bolşevîkî
bombardement; bombebaran
bombe; bombe
bon; baş, rind, xweş
bonbon; şekir
bond; qefz, qelbez, lotik
bondir; behîn, lotikandin
bonheur; bextewarî, berxwedarî
bonhomme; mêrik
bonjour; rojbaş
bonnet; kumik
bonsoir; êvarbaş
bonté; başî, qencî
bord; kêlek, qerax, perav
botte; bot, destî, deste
bouche; dev
bouchée; parî
boucherie; goştfiroşî
boucle; bisk, xelek, gungil
boucle d'oreille; guhar
bouddhisme; bûdîzm
bouddhiste; bûdîst
bouder; madê xwe kirin
bouffon; qeşmer
bouger; livandin, leqandin, tevdan, lebitandin
bougie; mûm, find
bouillant; kelandî, kelijî, keliyayî
bouillir; kelîn, kelandin
boulanger; nanfiroş, nanewa, nanpêj
boulangerie; nanfiroşî, nanewaxane, nanpêjî
boule; bîlye, xar
boulevard; bûlvar

boulgour; sawar
bouquet; destî, baq
bourg; bajarok
bourgeois; bûrjûwa
bourgeoisie; bûrjûwazî
bourgeon; çiro
bourricot; daşik
bourse; borsa
bousculer; lext kirin
boussole; cihnîş, pisûle
bout; serî
bouteille; şûşe
boutique; dikan, bûtîk
bouton; bişkok, bişkoj
boutonner; qumçe kirin, bişkoj kirin
bovin; dewar
boxe; boks
boxeur; boksor, bokser
boyau; rûvî
boycott; boykot
bracelet; bazin, xelek
brancard; darbest, çardar
branche; branş, beş
brave; egît, wêrek, mêrxas
bravoure; ciwanmêrî, camêrî, mêrxasî
brebis; mî
bref; kurtasî, kurtahî
bretelles; bendik
breton; brotanî
briefing; brîfîng
brièvement; bi kurtasî, bi kurtahî, bi kurtî
brigand; cerdevan, rêbir, keleş
brigandage; cerdevanî, rêbirî
brillant; çirûskîn, ronak, şemal, rewnaq
briller; biriqîn, çirûsîn, zeriqîn
brique; acûr
briquet; agirjen, heste
brisé; şikandî, şikestî, xeydan

briser; şikandin, perçe kirin
brochure; belavok
broderie; nexş, nîgar
bronchite; bronşît
brosse; firçe
brouette; xirxirk, girgirok, taxurk
brouillard; mij
broyé; hûrkirî, hêrandî
bru; bûk
bruine; hûrbaran, xunav
bruit; deng, teqereq, hirmegurm
brûlant; agirnak, şewatok, bişewat
brûler; şewitandin, sotin
brûlure; agirnakî, şewat, şewitî
brume; mij
brun; esmer
brusquement; ji nişka ve, nagehan
brutal; tund, hov
brutalement; hovane, bi tundî
brutalité; çavsorî, hovîtî, tundî
buanderie; cilşok, kincşok
bûche; êzing
budget; diravname, budçe
budget équilibré; budçeya biteraz
buffle; gamêş
buisson; devî, bîşe
bulle; peqik
bureau; buro
bureaucrate; burokrat
bureaucratie; burokrasî
bus; otobus
businessman; karsaz
but; armanc, mebest
buteur; golavêj
c'est-à-dire; yanî, ango
ça; ev
cabane; holik, xicik
cabine; kabîn

câble; kablo
caché; veşartî
cacher; veşartin
cachet; heb
cadavre; cenaze, term
cadeau; diyarî, xelatî
cadenas; qufil, koc, qefl
cadencé; ahengdar, hevsaz
cadran; çarçove, gûsk, qawink
cadre; çarçove, derbend
cafard; kêzik
café; qehwe
cage; derwaze, hacîlok, qulik
cahier; lênûs, defter
caillou; xilik, xîçik, xîç
caisse; kase
caissier; qasiyer
calamité; felaket, karesat, afat
calcul; hesab, beris
calculatrice; makîna hesabê
calculer; hesibandin, berisandin
caleçon; derpê
calendrier; salname
câlin; hembêz
câliner; hem(b)êz kirin
calmant; jankuj, aramîdar
calme; bêdengî, aramî
calmer; sakîn kirin, seqirandin
calomnie; bêbextî, îftira, derewçînî
calvaire; eza, êşar
camarade; heval, rêheval
camaraderie; hevaltî, rêhevaltî
caméra; kamera
camion; kamyon
camp; kamp
campagnard; çolterî, gundewarî
campagne; çol, gund
camper; cîwar bûn, bi cîh bûn

canal; kanal, erx, cok
canalisation; çirik, kêzîn
canapé; qenepe
canard; werdek, ordek
cancer; kanser
candidat; namzet, berendam, berbijar
candidature; endametî, berendametî
canon; top
canot; zewreq, lotke
cantine; kantîn
cantique; îlahî
canton; kanton
capable; jêhatî, bikêr
capitaine; kaptan
capitale; paytext
capitaliste; kapitalîst
caprice; nazî, lêzokî
capsule; kapsûl
captif; dîl, girtî
capture; girtin, berdest
capturer; dîl girtin, derdest kirin
car; lewma, loma, lewre
caractère; karakter
caractéristique; karakterîstîk
carafe; şemşaq, parç, qerqef
carambolage; lihevketin
caravane; karwan
carburant; sotemenî, şewatek
cardiaque; kardîak, dilî
cardiologue; kardiyolog, dilnas
caresse; mistdan, mizdan
caresser; mizdan, mistdan
cargaison; bar
caricature; karîkator
carnaval; karnaval
carnet; karne
carotte; gizêr, gêzer
carré; kare

carreau; karo
carrefour; çarrê, rêçar
cartable; çente
carte; kart
carte de crédit; karta qrediyê
carte d'identité; nasname
carton; karton
cas; rewş, awa
case; çavik, xane
casque; kask
casquette; kasket
cassé; şikandî, şikestî
casser; şikandin, perçe kirin
casserole; quşxane, beroş
cassette; kaset
cataclysme; agirşewat, asîw, afat, felâket
catalogue; katalog
catastrophe; afat, karesat
catégorie; kategorî
cathédrale; katedral
catholique; katolîk
cauchemar; kabûs, xewnereşk
cause; doz, sedem
causer; axaftin, bûn sedem
caution; kefîl, derhûd
cavalier; siwar
cave; jêrzemîn, serdab, çal
céder; berdan, hiştin
ceinture; qayiş, davek
célèbre; navdar
céleste; esmanî
cendre; arî, xwelî, rijik
cendrier; arîdank, xwelîdank, rijikdank
cent; sed
centaine; sedan
centenaire; sedsalî
centième; sedemîn
centimètre; santîmetre

centrale; santral
centre; nawend
cent-un; sed û yek
cependant; lê belê, digel vê yekê
cercle; çerx, cerge
cercueil; tabût, darbest, nizang
céréale; bîder, dexil
cérémonie; cejn, merasim
cerf; gakovî, pezkûvî
cerf-volant; bafirok, firfirok
certain; bêguman, bêşik, teqez, mîsoger
certainement; bêguman, bêşik
certificat; sertîfîka
certitude; bêgumanî, mîsogerî
cerveau; mêjî
cesser; rawestandin, sekinandin
cessez-le-feu; agirbest, şerragirtin
c'est-à-dire; ango
chacal; çeqel
chacun; heryek
chagrin; berketin, keder, kovan, kul
chaîne; zincîr
chair; goşt, laş
chaise; kursî
chambre; ode
chameau; dewe, hêştir
champ; erd, qad
champignon; karkulîlk, kuvark, karok, kumik
chanceux; bextyar, spîbext
change; diravguherî
changement; guhartin, guherîn
changer; guherandin, guhartin
chanson; kilam, stran
chant; stran, awaz, newa
chanter; stran gotin, sitrandin
chanteur; dengbêj, stranbêj, kilambêj
chantier; şantiye
chapeau; kum

chapelle; dêra biçûk
chaque; her
charbon; komir, rejî, xelûz
charcuterie; şarkuterî
charge; bargiranî, binbarî
chargement; barkirin
charger; dagirtin, lêbarkirin, tijîkirin
charme; dîlberî, dilkêşî, dilniwazî
charrette; parxêl, barkêş
charrue; cot
chasse; neçîr, seyd
chasseur; neçîrvan
chat; pisîk, pising
châtaigne; kestane, sambelot, şahberû
château; birc
chatouiller; diqdiqandin, qidî kirin
chaud; germ
chaudière; sîtil
chauffer; germ kirin
chausser; pêlava xwe pê kirin
chaussette; gore
chausson; papîk
chaussure; pêlav, sol
chauve; gurî, keçel, zelût
chauvin; şoven, perest
chef; fermandar, serek, serkar, serok
chef d'état; serokdewlet
chemin; rê
cheminée; argûn, pixêrî
chemise; gomlek, kiras
chêne; berû
cher; delal, xoşewîst
chercher; lêgerîn
chercheur; lêger
chéri; hêja, dildar
cherté; bihadarî, buhayî
cheval; hesp
cheveu; por

cheville; gûzek, gozek
chèvre; bizin
chien; kûçik, seg
chier; rîn, rîtin
chiffon; paçik
chiffre; jimar, hejmar, reqem
chimie; kîmya
chimique; kîmyayî
chirurgie; neştergerî, birînsazî
chirurgien; neşterger
choc; şok
chocolat; çokolat
choisir; bijartin
choix; tercîh
chômage; bêkarî
chose; tişt
chou; kelem
chrétien; xristiyan, file
christianisme; xiristiyanî, filehî
chronique; kronîk
chuchoter; piçanîn, pispisîn
chut; hiş
chute; ketin
chuter; ketin
ci-après; jêrgotî
ci-dessus; jorîn
ciel; asîman, ezman
cigare; pûro
cigarette; cixare
cigogne; legleg
cil; bijang
ciment; çîmento
cimenté; betonkirî
cimetière; goristan, mezel
cinéaste; fîlmçêker
cinéma; sînema
cinq; pênc
cinquante; pêncî

cinquantième; pênciyemîn
cinquième; pêncemîn
cirage; sîqal
circulation; trafîk, sîrkulasyon
circuler; gerîn, fetilîn
cirque; sîrk
ciseaux; meqes
citadin; bajarî
cité; bajar
citoyenneté; hemwelatî, welatîbûn
citron; lîmon
citronnade; avlîmon
citrouille; kundirê şamî, kundirê şîrîn, kundirê zer
civil; sivîl
civilisation; şaristanî, medeniyet
clair; zelal, diyar, aşkere
clairement; bi aşkerayî
clairvoyance; pêşbînî, kûrbînî
clairvoyant; pêşbîn, kûrbîn
claquer; çelpandin, zingîn
claquette; şimik
clarté; zelalî, diyarî
classe; dersxane, fêrgeh
classer; rêzandin, dabiristandin
classeur; klasor
clavier; klavye
clé; kilît, mifte, qufil
clémentine; mandalîna
clergé; papaz
client; mişterî, kiriyar
climat; klîma
cliquer; tikandin
cloche; zengil
clou; mîx, bizmar
clouer; mix kirin, bizmar kirin
clown; qeşmer
coccinelle; xalxalok, kêzxatûn
cochon; beraz, xinzîr, wehş

cocotte; quşxane, beroş
code; qod
code postal; qoda posteyê
cœur; dil
coffre; têbar, xeznok
coffret; xizane, çavik
cogner; lêdan, lêxistin
coiffer; şeh kirin
coiffeur; berber
coin; quncik
col; berstû
colère; hêrs, girgîn
coléreux; bihêrs, qehirî, girgîn
colis; paket
collaborateur; tevkar
collaborer; hevkarî kirin
collectif; kolektîf, hevbeşî, pevrayî
collection; koleksiyon
collègue; hevkar, hempîşe
coller; lesiqandin, zeliqandin
collier; gerdenî, ristik
colombe; kevok
combativité; êrişkerî, tekoşerî
combattant; şervan, tekoşer
combien; çend, çiqasî
comblé; bextiyar, dilgeş
combustion; şewat
comédien; henekvan, kenhar
comique; komîk, pêkenok, kenok
comité; komîte, lijne
commandant; fermandar, serdar
commandement; fermandarî, serdarî
comme; wek, wekî, mîna, fena
commencement; destpêk
comment; çawa, çilo
commerce; bazirganî, bazarvanî
commerce extérieur; bazirganiya derve
commercialisation; bazargerî

commissaire; komîser
commissariat; polîsgeh
commission; komîsyon
commun; hevbeş, gelemperî, hevpar
communiste; komunîst
compagnie; şîrket, kargeh
compagnon; hogir, karker
comparer; berawird kirin, dan ber hev
compas; cihnîş, perger
compassion; dilrehmî, berketin
compatriote; hemwelatî, hawnîştiman
compétition; pêşbirk, pêşbazî
compléter; tije kirin, dagirtin
complication; alozî, tevlihevî, giriftî
complice; hemdest, pîgar
complicité; hemdestî, hemtawanî
compliment; nûwaz, xweşdarî
compliqué; alozokî, tevlihevî
compliquer; alozandin
comportement; tevger, rabûnûrûniştin
composé; hevedudanî, pêkhatî
composer; helbestîn, pêk anîn
compositeur; awazdanêr, bestekar
composition; awazdanîn, bestekarî, awazsazî
comprendre; fêm kirin, fahm kirin
comprimé; heb, pelaxtî, pelçixî
compte; hesab
compter; hejmartin, jimartin
comptoir; dezgeh
con; bêaqil
concert; konser
conclure; bi dawî kirin, qedandin, kuta kirin
concombre; xiyar
concordant; ahengdar, pêketî, lêhatî
condamner; ceza kirin, daraz dan
condition; merc, rewş, şert
conditionnel; hekanî, bimerc
condoléances; sersaxî, serxweşî

34

conduire; ajotin
conduite; ajokerî, ajovanî
confiance; bawerî
confiant; bawer
confirmer; misoger kirin, teyîd kirin
confiture; rîçal, reçel
confort; rihetî, dilfirehî
confortable; rihet, dilfireh
confusion; geremol, gelemşetî
congénital; zikmakî, maderzad
congrès; kongre
conjointement; bi hev re, ligelhev, pevre
conjonctif; gihanekî
conjonction; gihanek
conjugaison; kêşana lêkeran, tewandin
conjuguer; kesandin, tewandin
connaissance; nas, nasyar
connaisseur; zana, karzan, pêzan, pispor
connaître; nasîn, nas kirin, zanîn
connexion; pêwendî, têkilî, hevbendî
conquérant; dagirker, kişwergir
conquête; dagirkerî
conquis; dagirkirî
consanguinité; biraxweyîtî, merivatî
conseil; şîret, konsey, encumen
conseiller; şêwirmend, şîret kirin
consentant; bidil
consentement; bidilî
conservateur; kevneperest, kevneparêz
conservatisme; kevneperestî, kevneparezî
considérable; girîng, girambar
consoler; teselî kirin
consonance; hemdengî
consonne; dengdêr
constamment; herdem, mayînde, hertim
constitution; destûra bingehîn
constructeur; avadar, avahîker, sazker
construction; avabûn, avahî, sazî

construire; lêkirin, ava kirin, damezirandin
consultation; şêwr, rawêj
consulter; şêwirîn, rawêj kirin
contact; têkilî, pêwendî
contagieux; jihevgirtî, têger, vegir
conte; çîrok, meselok, xeberoşk, qiset
content; kêfxweş, dilxweş, şad, xweşhal
conter; vegotin, qal kirin
conteur; dîrokbêj, gotyar, vebêj
continent; qita, parzemîn
continuel; bidom, berdewam, domdar
continuellement; tim, bêrawest, berdewamî
continuer; domîn, berdewam kirin
contradiction; nakokî, dijîhevî
contradictoire; nakok, dijîhev
contraindre; zor dan, şek dan, asteng kirin
contraire; dijî
contraste; dijayetî, dijberî
contrat; kontrat, peyman
contre; dij, hember
contribution; bêş, par
contrôle; kontrol
convaincant; bawerker
convaincre; bawerandin, îqna kirin, razî kirin
convaincu; îqnabûyî
convalescence; saxbûn
convenance; asayîtî, aheng
convenir; li hev kirin, li hev hatin, lêhatin
conversation; axaftin, gotar
converser; axaftin, axivîn, qise kirin, peyivîn
conviction; bawerî
copain; heval
copie; kopya, jêgirtî
coq; dîk, keleşêr, kelebab
coquelet; çêt, tûtik
coquet; narîn, nazdar, nazenîn
coquin; tolaz, zexel
corbeau; qijak, qijik

corbeille; selik, zembîl
corde; weris, ben, kindir
corne; qoç, qiloç, şax, stûre
corps; laş, term, cesed
corpulent; laşgir, qirase, gir
correct; rast
correspondant; nûçegihan, têkildar, pêwendîdar
corridor; korîdor
corriger; sererast kirin, serrast kirin
cortège; kortej
cosmétique; kozmetîk
costume; kostum
côte; parsû
côté; alî, hêl, kêlek
côtelette; pîrzola
coton; pembû, pembo
cou; stû, histû
coucher; nivandin, razandin
coude; enîşk
coudre; dirûn
couleur; reng
coup; derbe
coupable; tawanbar, tawandar, sûcdar
coupe; birrîn, jêkirin, qetandin
couper; birîn, jêkirin, qetandin
coupure; birrîn, qut
cour; hewş
courage; cesaret, wêr
courageusement; mêrane, mêrxasî, egîdane
courageux; wêrek, mêrxas, egîd
courant; elektrîk, ceyran
courbatures; êş, jan
coureur; bezok
courgette; dolmik, kulindterk, kundir
courir; bazdan, bezîn
couronne; tac
courrier; name
cours; ders

course; bazdan, bez
court; kin, kurt
cousin paternel; pismam
cousine partenelle; dotmam
cousine maternelle; dotxaltî
coussin; balîf
cousu; dirûtî
coût; buhabûn, biha , mesref
couteau; kêr
coûteux; giranbiha
coutume; aded, kevneşop
coutumier; adetî, kevneşopî
couture; dirûtin
couturier; dirûnkar, terzî
couvercle; devang, devgir
couvrir; nixamtin, pêçandin
cracher; tif kirin, tû kirin, pijiqîn
craie; tebeşîr
craindre; tirsîn, bizdîn
crainte; tirs, xem, fikar
craintif; vecînoq, tirsiyar, bizdok
crampe; kramp
crâne; tasa serî, kilox
cravate; qirawat
création; afirandin, afirîn, xuliqandin
crèche; kreş
crédit; kredî
créer; afirandin, xuliqandin
crème; merhem
crémier; şîrvan
crêpe; şilikî, şillek
cresson; tûzik
creuser; vedan, kolan, kolandin
creux; kort, çal
crever; teqandin, qul kirin
cri; qêrîn, gazî, bang
crier; qêrîn, bang kirin
crime; kuştin

criminel; kujer, mêrkuj
crise; krîz, qeyran
critiquer; rexne kirin
crochet; koşebend, çengal, qumçik
crocodile; tîmseh
croisé; çapraz, çeprast
croissance; girbûn, mezinbûn
croissant; hîvik, heyvok
croître; mezin bûn, zêde bûn, pirr bûn
croix; xaç
crotte; rêx, bişkul
croupi; genî, riziyayî
croûte; qaşik, qalik
croyance; bawermendî, bawerî
croyant; bawermend, bawer
cru; xav, xam
cruauté; hovitî, zordarî
cruche; şerbik, cêr, kûz
cruel; xedar, çavsor
cruellement; xedarane, çavsorî
cuiller; kevçî
cuir; çerm
cuire; pijandin, pijîn, pahtin
cuisine; metbax, pêjgeh
cuisiner; xwarin çêkirin
cuisinier; aşpêj
cuisse; hêt
cuit; pijandî, keliyayî
cul; qûn, qul
cultiver; çandin
culture; çand
culturel; çandî
cupide; çavbirçî
cupidité; çavbirçîtî
cyclone; bager
cygne; qubeqaz
d'ailleurs; jixwe
d'abord; pêşiyê, pêşî, ewil

dame; jin
danger; xeterî
dangereux; xeter
dans; nav, di...de, tê de
danse folklorique; govend, dîlan
danser; reqisîn, dîlan girtin
date; dîrok, tarîx
datte; xurme
dauphin; yarmasî, delfîn
davantage; bêtir, zêdetir
dé; zar
débiteur; deyndar
debout; li ser piyan, li piya
débrayage; debrîyaj
début; destpêk, pêşîn
débutant; destpêker
décapitation; serjêkirin
décapité; bêser
décéder; mirin
décembre; berfanbar, kanûn
décennal; dehsalî
décennie; dehsal
déception; dilşikestîbûn, ji çav ketin
décès; mirin
décharger; bar danîn
déchet; xaşak
déchirer; qelişandin, jêkirin, çirandin
décimal; desîmal
décimètre; desîmetre
décisif; biryarder, bibiryar, biryardar
décision; biryar
déclaration; daxuyanî, bangewazî
déclarer; dazanîn, ragihandin, rahiştin
décor; dekor, dîmen
décoration; dekorasyon
décorer; xemilandin
découper; dewişandin, qetqetî kirin
découverte; kefş, dozîn, vebînî

découvreur; vebîner, peydeker
découvrir; kefş kirin, vedîtin
décret; biryarname
déçu; dilşikestî, dilgir, dilmayî
dédaigneux; bêvilbilind
dedans; hundir
défaite; têkçûn, binketin
défaut; kêmasî, kêmanî, kêmahî
défendre; parastin
défense; parastin, berevanî
déficience; bêhêzî, kêmî
défini; binavkirî
dégât; zirar, ziyan, xesar
degré; derece, rade
dehors; derve, der
déjection; gû, sil
déjeuner; firavîn
délaissement; bêxwedîtî, tenêbûn
délégation; delegasyon, şande, lijne
délégué; delege, şande
délicat; tenik, zirav, narîn
déloyal; bêbext, bêxêr
déloyauté; bêbextî, bêrêtî
démagogie; demagojî
démagogue; demagog
demain; sibe
demande; daxwaz
demander; pirsîn
démangeaison; kincekinc, xurîn
déménager; mal bar kirin
démence; xurifîn, şêtî, şeydayî
demi; nîv
demi-heure; nîv saet
démocrate; demokrat
démocratie; demokrasî
démographe; demograf, zanyarê nifûsê
démographie; demografî, zanyariyê nifûsê
démolir; xira kirin, hilweşandin, pelişandin

démoniaque; şeytan
dénomination; binavkirin, navlêkirin
dent; diran
dentelle; dantêl
dentiste; diransaz
départ; çûn, çûyin, birêketin
dépassé; demborî, bihurî, derbasbûyî
dépasser; derbas kirin, bihurîn, borîn
dépendant; pêgir, çavlidest
dépense; mesref, lêçûn
dépenser; mesref kirin, xerc kirin
déplacer; guhastin
déposer; danîn
dépôt; depo
depuis; ji
député; parlamenter
déranger; aciz kirin, tengav kirin
dermatologie; dermatolojî
dermatologue; dermatolog
dernier; dawî
derrière; paş, dû, pişt, pey
derviche; derwêş
désaccord; dubendî
désarmé; bêçek
désarmement; bêçekî
descendant; serberjêr
déséquilibré; bêteraz, şewişî
désert; çol
désespérance; bêhêvîtî
désespéré; bêhêvî
désespoir; bêhêvîtî
déshonneur; bêşerefî, bêrûmet
déshonorant; bêrûmetî
désir; daxwaz, dilxwaz
désirer; xwestin, dilxwestin
désormais; êdî, hew, nema
despote; despot, zordest
despotisme; despotîzm, zordestî

desséché; hişkbûyî, ziwakirî
dessert; şîranî, paşxwarin
dessous; bin, jêr
destinataire; wergir, stîner, girtiyar
destruction; wêrankirin, hilweşandin
détective; dedektîf
détenu; zindanî, girtî
détermination; daxuyakirin, diyarkirin
détester; nefret kirin, kerixîn
détresse; diltengî, tengezarî
détruire; helişandin, hilweşandin, ji holê rakirin
dette; deyn
deuil; şîn
deuxième; duyemîn
deux-points; nuqtecot
devant; ber, pêş, pêşber
déveine; bêsiûdî, bextêreş, bextreş
devenir; bûn
dévisser; sist kirin
dévotion; evdalî, sofîtî, oldarî
diabète; diyabet
diable; şeytan
dialectal; zaravayî, şêwezarî
dialogue; diyalog, gotûbêj, guftûgo
dictateur; dîktator, zorbaz, zordar
dicter; tîpandin
diction; dîksiyon, rastaxaftin, qisebêjî
dictionnaire; ferheng
didactique; dîdaktîk, hînker
Dieu; Xwedê, Xweda
différence; cûdatî, cudahî, cihêtî
différenciation; cudakirin, cihêkirin
différent; cuda, cihê
difficile; dijwar, zehmet
difficulté; zehmetî, dijwarî
digne; hêja, rûmetgiran
digue; asteng, bend, pêşgir
dilemme; dîlema, belêna

dimanche; yekşem
diminuer; kêm kirin, hindik kirin, kêm bûn
dinde; elok, hûlî, şamî
diplomate; dîplomat
diplomatie; dîplomasî
diplomatique; dîplomatîk
diplome; dîploma
dire; gotin
direct; dîrekt, rasterast, yekser
directement; rastbirast, rasterast, yekserî
directeur; rêvebir, derhinêr, gerinende
direction; direksiyon, hêl, badok
directive; dîrektîv, rêwerz, ferman
dirigeant; karbidest, rêvebir, karger
disciple; şagirt, mirîd
discipline; disiplîn
discorde; dubendî
disponibilité; amedebûn, guncan
disponible; amede
disposé; amade
dispute; pevçûn, bihevketin, gengeşî
disputer (se ~); pevçûn, gengeşî kirin
disque; dîsk
dissimuler; veşartin, xefandin
distinct; cuda, cihê
distingué; bijarte, bijare, gûzîde
distribuer; belav kirin
distribution; belavkirin
district; herêm, dever
divin; xwedayî, tekûz
diviser; parve kirin, par kirin
dix; deh
dix-huit; hejdeh
dixième; dehemîn
dix-neuf; nozdeh
dix-sept; hevdeh
dix-septième; hevdehemîn
docteur; doktor, bijîşk, nûjdar

doctorat; doktora
document; dokuman, belge
doigt; pêçî, tilî
doigtier; gûzvank
domestique; kedî, malok
domicile; mal, xanî
domination; desthilatdarî, serdestî, serwerî
domino; domîno
donner; dan, dayîn
doré; bizêr, zêravî
dormir; razan, raketin, nivistin
dos; pişt
dose; doz, pîv
dossier; dosye
dot; qelen
doublage; dublaj
double; dubare, ducarî
doublure; astar, rûpişt
doucement; hêdîka, bi nermî, sivikî
douche; dûş, serşo
douloureux; êşdar, dilbikul
doute; guman, şik
douteux; gumanî, gumanbar, şikbar
doux; hêdî, sivik, nerm
douzaine; dozdek
douze; dozdeh
douzième; dozdemîn
dramatique; dramatîk
dramaturge; şanonivîs, dramnivîs
drap; çarşev
drapeau; ala
droite; rast
droiture; dirustî, rastî
dualité; dualîtî
dur; dijwar, asê, zehmet, hişk
durable; mayînde, payîdar
durement; hişkane, bi zorê, bi zehmetî
dureté; dijwarî

dynamisme; dînamîzm, livîndarîtî
dynamite; dînamît
eau; av
échalote; pîvazê sor
échange; bedêlandin, berdêl, pevguhartin
échanger; bedêlandin, berdêl kirin, pevguhartin
écharpe; şalgerden, şarpe
échec; têkçûn, serneketîbûn
échecs; kişik
éclabousser; pijiqandin, ciniqandin, pekandin, peşikandin
éclair; brûsk
éclairer; ronî kirin
éclater; zeriqîn, çirisîn, çirûsîn
école; dibistan
écolier; dibistanî
écologie; ekolojî
écologique; ekolojîk
économie; aborî
économique; ekonomîk
économiser; teserûf kirin
économiste; aborînas
écorcher; qeşartin, qeşûr kirin, sipî kirin
écoute; guhdan, guhdarî
écouter; guhdarî kirin, guh dan, guhlêbûn
écran; ekran
écraser; pelixandin, pelaxtin, perçiqandin
écrire; nivîsandin, nivîsîn
écrit; nivîsî
écriture; nivîs
écrivain; nivîskar, nûser
écurie; axur
édifice; avahî, sazî
éditer; çap kirin
éditeur; çapker, edîtor
édition; çap
éditorial; sernivîsar
éditorialiste; sernivîskar

éducation; perwerde
effacer; jêbirin, reş kirin, paqij kirin
effaceur; jêbir
effet; bandor
effondrer (s'~); helişîn, hilweşîn, pelişîn
effort; hewl
effrayé; veciniqî, bizdandî, bizdiyayî
effrayer; tirsandin, bizdandin
effroi; çoqîn
égal; hempa, wekhev, yeksan
église; dêr
ego; ego
égoïste; egoîst, xweperest, ezperest
égoutter; dilopandin, parzinandin, palandin
Egypte; Misir
éhonté; bêfedî, bêrû, hetek
élancer; hilpekandin, pengizandin
élargir; fireh kirin
élargissement; berfirehkirin
électeur; hilbijêr, dengder
élection; hilbijartin
électricité; elektrîk, ceyran
électronique; elektronîk
élégamment; çelengane, narînane
élégance; çelengî, ziravî, narînî
élégant; çeleng, zirav, narîn
éléphant; fîl
élévation; berzbûn, bilindbûn
élève; xwendekar, şagirt
élevé; bilind, berz
élever; bilind kirin, hildan
élire; bijartin, vebijartin, hilbijartin
elle; ew, wê
éloigné; dûrketî, dûr
éloignement; dûrî, dûrîtî
éloigner; dûrxistin
éloquent; xweşbêj, rewanbêj
élu; bijartî

emballage; ambalaj
embargo; ambargo
emblème; amblem, nîşandek
embrassade; hem(b)êzkirin
embrasser; hem(b)êz kirin, maç(ik) kirin
émigrer; koç kirin
éminence; bilindî, berzî, balayî
émissaire; şande
émission; bername, weşan
emmener; birin
émoi; kelecanî
empêcher; nehiştin, asteng kirin, berbend kirin
empirique; ampîrîk
emplacement; dews, şûn, der, cîh
emploi; kar, bikaranîn, peyvir
employé; karmend, peyvirdar
employeur; xwedîkar, kardêr
empoisonnement; jahrdan
empoisonner; jehr dan, jehrandin
emporter; birin
en face de; pêşberî, hemberî
en vérité; ya rastî
encadrement; çarçove
enceinte; ducanî
encore; hîna, hêj
encourager; wêrandin
encre; ximav, avnûsk, hibir
encyclopédie; ansîklopedî
encyclopédique; ansîklopedîk
endettement; deyndarî
endormir; xewisandin, nivandin, kirin xewê
endroit; dever, cih
endurance; qewînî
énergie; enerjî
énergique; enerjîk
énervé; bêhnteng, hêrsok, bihêrs
énerver; qehirandin, hêrskirin
enfance; zarokatî, biçûkahî

enfant; zarok, gede, sebî
enfer; dojeh, cehenem, dozex
enfermé; girtî
enflammé; agirgirtî
enfuir (s'~); revîn
engouement; dilgeşî, dilcoşî, bidilî
enlever; rakirin, hildan, hilanîn
enneigé; berfgirtî
ennemi; dijmin, neyar
ennui; acizbûn, diltengbûn
ennuyé; acizbûyî, diltengbûyî, diltengî
ennuyer; aciz kirin, dilteng kirin
enquête; anket
enquêteur; lêpirsker, vekolîner
enraciné; bireh, rehdar
enregistrer; tomar kirin
enrhumé; zekemî
enseignant; mamoste
enseignement; perwerdehî, hîndekarî
ensuite; piştre, paşê, şûn de
entendement; têgihînî, feraset, fêm
entendre; bihîstin, pê hesîn
enterré; definkirî, veşartî, binaxkirî, gorkirî
enterrement; defin, binaxkirin, gorkirin, veşartin
enterrer; definan kirin, definandin, gor kirin, veşartin, binax kirin,
enthousiasme; bidilî, dilgeşî, dilcoşî
enthousiaste; dilcoş
entonnoir; kov(ik)
entourer; dorpêç kirin, dor lê girtin
entraînement; antreman
entraîneur; antrenor
entrave; asteng, pêşgir, berbest
entrepôt; depo
entreprise; şîrket
entretien; hevdîtin, hevbîn
énumération; hejmartin, jimartin
envahir; dagir kirin

enveloppe; zerf
envers; berevajî
envie; xwestek, daxwaz
envieux; dexes, hesûd, pexîl
environnement; derûber, derûdor
envol; fir, bihewaketin
envoyer; şandin, bi rê kirin
épais; histûr, tîr
épaule; mil, sermil, pol
épée; şûr
épeler; kîte kirin, kitandin
épice; biharat
épinard; ispanax
épine; histirî, dirî
épingle; korderzî, doqik
éponge; lîfik, kîsik
épopée; destan
époque; dem, wext, çax, heyam
époux; mêr
épreuve; azmûn
éprouvant; astengîn, dijwar
épuisé; bêhal, betilî, mandî, westiyayî
épuisement; bêhalî, betilîn, mandîbûn, west
équilibre; teraz
équilibré; biteraz, hevkêş
équipe; ekîp, tîm, kom
équitable; adil, heqanî
équitablement; adilane, dadiyane, heqane
équité; biedaletî
ergonomie; ergonomî
erreur; şaşitî, çewtî, xeletî
erroné; şaş, xelet, çewt
escalier; derence, pêlekan
escargot; şeytanok, qepûşk
escroc; sextekar
espace; qad, war
Espagne; Îspanya
espagnol; îspanî

espèce; cins, cûre, babet
espérer; hêvî kirin
espoir; hêvî
esprit; hiş, feraset, giyan
essayer; ceribandin
est; rojava
esthétique; estetîk
estival; havînî
estomac; gedek, made, aşik
estropié; seqet, qop, kûd
et; û
étable; axur
établissement; bicihbûn, sazî, karsazî
étage; qat
étagère; refik
étaler; raxistin, nîşandan
état; dewlet
étatiste; dewletgîr, dewletperest
été; havîn
éteindre; vemirandin, temirandin, tefandin
éteint; vemirandî, temirandî, tefandî
étendard; direwş, ala
étendre; raxistin, berfireh kirin
éternité; abadînî, bêdawîtî, bêserûbinî
éternuer; bênijîn, pişikîn
ethnie; etnî, nîjad
ethnique; etnîk, nîjadî
étinceler; çirisîn, çirûsîn, zeriqîn
étincelle; çirûsk, pêtik, pirşing
étiquette; etîket
étoile; stêrk
étonnant; ecêb, şaşker, balkêş
étonné; ecêbmayî, şaşbûyî, şeqizandî
étonnement; ecêbmayîn, şaşbûn, şeqizîn, heyirîman
étonner; şeqizandin, heyirîn, tewişandin
étouffer; fetisandin, xeniqandin
étourdi; gêj, sergêj
étourdiment; gêjane, gêjokî

étourdissement; gêjbûn, sergêjbûn
étrange; seyr, balkêş, biyan
étranger; biyanî
étrangler; xeniqandin, fetisandin
être; bûn
étroit; teng
étude; ders, pêşxebat
étudiant; xwendekar
évanouir; xewirîn, xemiyan, bêheş ketin
éveillé; hişyar, şiyar
éveiller; hişyar kirin, şiyar kirin
événement; bûyer
évidence; bêşikî, aşkerayî
évolution; guherandin, peresîn
exact; rast, teqez, mîsoger
examen; azmûn
exception; awarte, vejart
exceptionnel; awarteyî, vejartî
excommunication; aforoz, pinde, derkirin
excommunié; aforozbûyî, pindebûyî
excrément; gû, sil
excuse; sedem
excuser; bexşandin, borandin, lê borîn
exécutif; birêvebirin
exemple; mînak
existence; bûyîn, heyîn
exister; hebûn
expansion; geşayişt, peresîn
expédier; şandin, rê kirin
expéditeur; şander, şandyar
expérimenté; tecrûbedar
explosion; teqandin, teqîn, peqîn
exposer; rapêş kirin
exposition; pêşangeh, pêşandan, pêşande
extérieur; derve, der
extériorité; derveyî
extermination; tunekirin, hilbirandin
exterminer; qir kirin, tune kirin

extincteur; agirkuj
extinction; agirkujî, agirvêsî
extra; ekstra
fabrication; çêkirin, hilberîn
face; rû, serçav
fâché; xeyidî, qehirî, dilmayî
fâcher; qehirandin, hêrs kirin, dil hêştin
facile; asan, hêsan
facilité; asanî, hêsanî
façon; şêwaz, şêwe, awayî
facteur; faktor, pêker
faculté; fakulte, zanîngeh
fade; tahmsar, bêtahm
faible; bêhêz, hêjar, qels, lewaz
faiblesse; bêhêzî, hêjarî, qelsî, lewazî
faïence; fayans
faim; birçîbûn, birçî, birsî
fainéant; teral, tenbel, tolaz
faire; kirin
faire-part; dawetname, vexwendname
familial; malbatî, xêzanî
famille; malbat, xêzan
famine; xela(yî)
farce; henek, yarî
fardeau; bargiranî, bar
farine; ard, arvan
farineux; hevîrokî
farouche; hov, kovî
fascisant; faşîzan
fasciste; faşîst
fatigue; betilîn, mandîbûn, westabûn
fatigué; westiyayî, betilî, mandî
fatiguer; westandin, betilandin, mandî kirin
fatiguer (se~); betilîn, westîn
faucille; das, kasok
faucon; teyrê baz, balinde
faussaire; zirkar, zexel
faute; şaşitî, çewtî, xeletî

fauteuil; palkursî, paldank
faux; şaş, xelet, çewt
fax; faks
fécondité; adanî
fédéral; federal
fédération; federasyon
fédéré; federe
félicitations; pîrozkirin, pîrozbahî
féliciter; pîroz kirin
féminin; mê
féminisme; feminîzm
féministe; jinparêz, femînîst
femme; jin, pîrek
fenêtre; pace, şibak, pencere
féodal; feodal
féodalisme; feodalîzm
fer; hesin
ferme; hişk, tund, têkûz
fermé; girtî
fermer; girtin, dadan, radan
fertile; adan
fertilité; adanî
feu; agir, ar
feuille; pel(ik)
février; reşemî, sibat
fiancé; xwestî, desgirtî, dergistî
ficelle; ben, benik
fiche; fîş
fidèle; sozdar, dilsoz, sadiq
fier; serbilind, şanaz
fierté; serbilindî, şanazî
figue; hêjîr
figuier; darhejîr
fil; dezî, benik, têl
filer; rîsandin, honandin, hûnandin
fille; keç
film; fîlm
fils; law, kur

filtre; fîltre
filtrer; fîltre kirin
finale; fînal, dawî
finalement; di dawiyê de, axirê
finaliste; fînalîst
finance; fînans
financement; fînansman
financier; fînansî
fini; qediyayî
flambeau; argûr, pêtal, çirax
flash; flaş
flèche; tîr
fléchette; tîrik
fleur; kulîlk
fleuriste; gulfiroş
fleuve; çem, rûbar
flic; polîs
flirter; dilbazî kirin
flûte; flût
fluvial; çemî
foi; bawerî, îman
foie; kezeb, cerg
foire; fûar, pêşangeh
fois; car
folie; dînîtî, şêtî
folklore; folklor, zargotin
fonctionnaire; memûr, karmend
fond; bin, hîm
fondamental; bingehî, binyadîn, hîmî
fondateur; damezirîner, avaker
fondation; bingeh, sazî, sazkirin
fondre; helandin, pişaftin
fontaine; kanî, serekanî, çavkanî, avjeh
football; fûtbol
footballeur; fûtbolvan
force; hêz
forestier; daristanî
forêt; daristan

forge; agirxane, nalbend
forgeron; hesinger, hesinker
formalité; formalîte
format; forma
formation; formasyon
forme; awa, cure, dirûv, şêwe
formel; fermî
formulaire; form
fort; xurt, bihêz
forteresse; birc, kel(a)
fortification; asêgeh, xurtkirin, zexmandin
fortuné; bextciwan, dewlemend
forum; forûm
fossette; çal, govek
fou; dîn, şêt
foudre; brûsk
foudroyant; brûskawer
fouiller; kolan, kolandin, lêkolîn
four; firin
fourchette; çetel, sêtelk, çartêlk
fourmi; gêre, kurmorî, morî
fourneau; agirxane
fraction; fraksyon
fragile; zîz, hestiyar
fraîcheur; hênikahî, hênkayî
fraise; tûfrengî, çîlek
français; fransî
France; Fransa
frapper; lêdan, kutan
fraternellement; birayane
fraternité; biratî
fratricide; birakuj, birakujî
frein; frên
freiner; frên kirin
frémir; lerizîn, ricifîn
fréquence; frekans
frère; bira
fric; pere

frire; qijilandin, sor kirin
frisson; gurîzî, lerz, ricifîn
froid; sar, cemidî, serma
froidement; saresar
froidure; sarî, sermayî
fromage; penêr
front; enî, ber
frontière; sînor, tixûb
frotter; mizdan
fruit; fêkî
fuir; revîn, reviyan
fumée; dû
fumer; cixare kişandin
fumeur; cixarekêş
fusil; tiving
futile; tewş, vala, pûç
futilité; abestî, beredayî, pûçî
futur; pêşeroj, duhatî, dahatû
gai; şên, dilgeş, gewz, şeng
gaieté; bikêfî, şadî, şengî
galop; çargav
gangster; gangster, rêbir
gant; lepik
garage; garaj
garant; kefîl
garantie; garantî
garçon; lawik, kurik
gardien; gardiyan
gare; gar
gâté; helisî, pûç, xirabûyî
gâteau; paste
gauche; çep
gaz; gaz
gazer; gaz dan
géhenne; cehenem, dojeh, dozex
geler; qefilîn, cemidîn, qerisîn
gémir; nalîn, kalîn
gencive; pidî

gendarme; cendirme
gendre; zava
gène; gen
général; gelemper, giştî, tevahî
généralité; gelemperî, bigiştî
génération; nifş
généreux; camêr, mêrxas
générosité; camêrî, mêrxasî
genou; çok, çong
genre; cûre, babet
gentleman; ciwanmêr, xweşmêr
géographie; coxrafya, erdnîgarî
geôle; girtîgeh
géologie; erdnasî, erdzanî
géologue; erdnas, erdzan
gestation; avis
gifle; sîle, şeqam
gilet; êleg, çekbend
gîte; baregeh, rûniştgeh, xane
glace; bestenî
glaçon; cemed
glisser; şemitîn, şiqitîn
global; global, grover
gorge; qirik, gerden
gothique; gotîk
goudronné; asfaltkirî
goutte; dilop, peşk
gouttière; çirik
gouvernement; hikumet
graisse; don, bez
grammaire; gramer, rêziman
gramme; gram
grand; mezin, gewre, girs, qirase
grandeur; dirêjahî
grand-mère; dapîr
grand-père; bapîr, kal, kalo
gras; birûn, stûr
gratter; xurandin

gratuit; belaş
grave; cidî, girîng
gravité; cîdîtî, girîngî
grec; yunan
Grèce; Yunanîstan
grêle; zîpik, xişik, teyrik
grenade; henar, hinar
grenouille; beq
grève; grev
griffe; pençik, lapûşk
griffer; napirandin, xirmişandin
grillé; kizirî, sorkirî, qelandî
gris; boz, gewr
gros; qelew
grossesse; ducanî
grossir; qelew bûn, gir bûn
grotte; şikeft
groupe; kom
grouper; kom kirin, civandin, dan hev
guêpe; moz(a)qirtik, pîzang
guérilla; gerîlla
guérir; rehet bûn, baş bûn, zinde bûn
guérison; rehetbûn, başbûn, qencbûn
guerre; şer
guerrier; şervan, çekdar
gueule; devê ajalan, wec
guichet; gîşe
guichetier; bilêtfiroş
guide; pêşber, rêber, rênîş
guider; rêberî kirin
guillemet; dunik
guitare; gîtar
gymnastique; jîmnastîk
habile; jêhatî, destbikar, zîrek
habileté; hostayî
habiller; cil li yekî kirin, lêkirin
habit; cil, kinc
habitude; adet, hînbûnî

habituel; adetdar
habituer (s'~); banîn, hîn bûn
hache; balte, bivir
haïr; nefret kirin
haleine; bêhn
hanche; kulîmek, qorik
hardi; agirçav
hardiesse; agirçavî
haricot; fasûlye
hâter; lezandin
hâtivement; lezlezî, bilezî
hausse; bilindbûn, hilbûn, berzbûn, rabûn
hausser; bilind kirin
haut; bilind, berz
hautain; bêvilbilind, pozbilind, qure, nefsmezin
hauteur; bilindayî, berzî, balayî
hebdomadaire; heftane, hefteyî, heftanî
hébreu; îbranî
hectare; hektar
hégémonie; hegemonî, serdestî, serwerî
hélas; mixabin
hélicoptère; helîkopter
herbe; giha, giya
hérisson; jîjo, jûjî
héritage; mîrat, pêma
héritier; mîratgîr
héroïne; eroîn
héroïnomane; eroînkêş
heure; demjimêr, katjimêr, saet
heureusement; xêra Xwedê, baş e ku
heureux; berxwedar, bextewar, şad
heurter; lê ketin, lê qelibîn
hexagonal; şeşgoşeyî
hier; diho, do(h), dihu
hisser; hilkişandin, hildan, bilind kirin
histoire; dîrok
historien; dîroknas
historique; dîrokî

hiver; zivistan
hollandais; holandî
homme; mêr, peya, zilam
honnête; dirust, binamûs, rastgo
honnêteté; dirustî
honneur; namûs, rûmet, xîret
honorabilité; binamûsî, rûmetî, xiretî
honorable; binamûs, birûmet, bixîret
honoré; bipaye, rûmetdar, şanaz
honte; fedî, şerm
hôpital; nexweşxane
hormone; hormon
hors; der, bilî, xeynî
hospitalier; mêvanperwer, mêvanhez
hospitalité; mêvanperwerî, mêvanhezî
hostile; dijminane, neyarane
hostilité; dijminwarî, dijminatî, neyartî
hôte; mêvan
hôtel; otel
huile; rûn
huit; heşt
huitain; heştane
humainement; mirovane
humanisme; humanîzm
humaniste; humanîst
humanitaire; insanî, mirovî
humanité; mirovatî
humidité; şilî, kamdarî
humoriste; qerfkar
humour; pêkenî, mîzah, nukte
humus; humus
hurler; qîrîn, zirîn, qîjîn, orîn
hutte; holik
hydrogène; hîdrojen
hypnose; hîpnoz
hypocrite; durû, rûreş
ici; li vir, êre, lêrê
idéal; îdeal

idéaliste; îdealîst
idée; fikir, raman
identique; yekwateyî, wekhev
idéologue; îdeolog, bîrdozger
idiot; aqilkêm, xêvik, hişsivik
ignorant; nezan
il; ew, wî
île; girav
ils; ew, wan
image; wêne, dîmen
imaginer; xeyal kirin, venigaş kirin
imbécile; bêheş, xêvok
imiter; lasayî kirin, zarî kirin
immédiatement; hema, tafil, zûzûka
immeuble; avahî, bîna
immoral; bêexlaq
immoralité; bêexlaqî
impartial; bêalî, bêhêl, alînegir
impartialité; bêalîtî, alînegirî
impatience; bêsebirî, bêtebatî
impatient; bêsebir, bêtebat
impoli; bêedeb, bênezaket, dinyanedî
impolitesse; bêedebî, bênezaketî, dinyanedîtî
importance; girîngî
important; girîng
impôt; bac
imprécision; nexuyatî, nediyarî
imprévoyance; bêtedbîrî, bipêşdîtin
imprévoyant; bêtedbîr
imprimante; çaper
imprimer; çap kirin, çapandin
imprimerie; çapxane
imprimeur; çapker, çapdêr, çapemend
improductivité; bêbereketî
impudence; bêterbiyetî, bêrêzî, bêgiramî, rêznezanî
impudent; bêterbiye, bêrêz, giramnegir, rêznezan
impuissant; bêhêz, bêşiyan, qels
inanimé; bêcan, bêgan

incendiaire; agirberdêr
incendie; agir, şewat
inconnu; nenas
incrédulité; bêbawerî
incroyance; bêbawerî
incurable; bêşifa, bêderman
Inde; Hindîstan
indépendance; serxwebûn, serbixwetî, xweserî
indépendant; xweser, serbixwe
index; îndeks, eşhedok, tiliya nîşandanê
indien; hindistanî
indigence; hejarî, xizanî, feqîrî
indigent; xizan, hejar
indirect; neyekser, nerasterast
indiscipline; bêdisiplînî, bêrêzkarî, bêzeptûreptî
indispensable; şert, mecbûrî
industrie; endustrî
inerte; bêcan, sekan, bêliv, bêlebat
infamie; bêşerefî, hetikandî
infarctus; enfarktûs
infécond; bêbereket, bêadan
infection; enfeksiyon
inférieur; jêrî, bin, jêr, jêrîn
infernal; cehenemî, dojehî
infime; hûrik, biçûcik
infinitif; rader
infirme; seqet, qop, kûd
infirmière; nexweşnêr, perestar
inflation; enflasiyon
influence; bandor
informateur; agahker, pêveder
information; agahî, nûçe
informé; agahdar, pêzan, haydar
informer; agahdar kirin, hesandin
infortune; bêşansî, bextreş, bedbext
infortuné; bextreş, bedbext
infraction; sûc
ingénieur; endazyar, sexmanker

inguérissable; bêşifa, bêderman
inintelligent; aqilkêm, kêmaqil
inique; bêedalet, neheq
injure; çêr, dijûn, dijmîn, xeber
injuste; bêdad, neheq
injustice; bêdadî, neheqî
inné; zikmakî, fitrî
innocence; bêgunehî
innocent; bêguneh
inoubliable; bîrawer
inquiétude; berketin, xem, fikar
inscription; qeyd, tomar
insecte; buxik, kêzik, mêşlok
insensibilité; bêhisî, bêhestî, dilkevirî
insignifiance; bêrûmetî, bêwateyî
insignifiant; bêrûmet, bêwate, nehêja
insolence; bêterbiyetî, bêedebî, bêrêzî, rêznezanî
insolent; bêar, bêedeb, bêşerm, bêfedî
inspecter; lê hûr bûn
inspection; çavdêrî, vênerî
institut; enstîtû
instituteur; mamoste
instruction; dîrektîv, rêwerz
instrument; alav, amûr, amraz
instrumentiste; muzîkjen
insulaire; giravî
insulte; çêr, dijûn, dijmîn, xeber
insurgé; serhildêr
intégration; entegrasyon, biyekbûn
intelligemment; jîrane, aqilane, maqûl
intelligence; jirayî, jîrî, zeka
intelligent; jîr, biaqil, têgihîştî
interdire; qedexe kirin, bend kirin
interdit; qedexe
intéressant; balkêş, ecêb
international; enternasyonal, navnetewî
interne; hundirîn, nav, navik
internet; internet

intervalle; navber, dûring, neqeb
interview; hevpeyvîn, dîdarî, hevbînî
intimidation; tirsandin, çavtirsandin, bizdandin
intimidé; tirsiyayî, bizdandî, bizdiyayî
intransitif; negerguhêz
intuition; dilbêjî, feraset, pêhesî, hes
invasion; dagirkerî, vegirî, dagirî
inventer; îcat kirin, nûve dan, dahênandin
invention; îcatkirin, nûvedan, dahênan
invitation; dawetiye, vexwendname
invité; dawetî, vexwendî
inviter; vexwendin, dawet kirin
Irak; iraq
irakien; îraqî
Iran; îran
iranien; îranî
irrigation; avdanî, avdarî
irrigué; avî
isolé; îzole
issue; derketin, rêder
Italie; îtalya
italien; îtalî
itinérant; seyar, gerok
ivre; serxoş, serxweş, sermest
jadis; berê, ewilî
jalousie; dexesî, hesûdî
jamais; tew, qet, tu car
jambe; çîp, çaq, çîm
jambon; goştê beraz
janvier; çile, rêbendan
Japon; Japonya
japonais; japonî
jaquette; cakêt, sako
jardin; bax, bexçe, gulistan
jardinier; baxevan, baxçevan, bexçenêr
jauger; pîvan, pîvîn
jaune; zer
je; ez, min

jet; avêtin
jeter; avêtin
jeu; leyistik, leyz, lîstok
jeudi; pêncşem, pêşem
jeune marié; zava
jeunesse; ciwanî, xortî
joie; kêfxweşî, şahî, şadî
joli; bedew, sipehî, xweş
joue; gep, dêm, hinarik
jouer; leyistin, lîstin
jouet; lîstik
joueur; lîstikvan
jour; roj, roz
journal; rojname
journalier; rojane, rojîn
journalisme; rojnamegerî, rojnamevanî, rojnamesazî
journaliste; rojnameger, rojnamevan
joyeux; kêfxweş, dilgeş, dilxweş, dilşa
juge; dadger, hakîm, dadwer
juger; dadgeh kirin, darizandin
juif; yehûdî, cihû
juin; hezîran, pûşper
jumeau; hevzik, cêwî(k)
jumelles; dûrbîn
jument; mehîn
jupe; etek, daw, daman, koş
jupon; binkiras
jurer; sond xwarin, qesem kirin
juridique; hiqûqî, dadmendî
juriste; hiqûqzan, hiqûqnas
jusque; heta, heya
juste; adil, rast
justement; adilane, rasterastî
justice; edalet
juteux; biav
kaki; kakî
kangourou; kangurû
kilo; kîlo

kilomètre; kîlometre
kiwi; kîwî
klaxon; qorna
klaxonner; qorna lêxistin
kurde; kurd
Kurdistan; Kurdistan
kurdologue; kurdnas, kurdolog
kurdophile; kurdhiz
kurdophobe; kurdneyar
là; vir, lêre
là-bas; li wir, li wê derê
labouré; ajotî, cotkirî
laboureur; cotkar
lâchement; tirsonekane, nemerdane, tirsane
lâcher; berdan, hiştin, hêlan
lâcheté; nemerdî, tirsokî, newêrekî
là-dedans; li nav
là-dessous; li bin
là-dessus; li ser
laid; acûs, kirêt, bêfesal, bêteşe
laideur; acûsî, kirêtî, bêfesalî, bêteşeyî
laine; hirî, rîs
laisser; hêştin, berdan
lait; şîr
lampe; çira
lancer; avêtin
langage; ziman, zar
langue; ziman
lapider; kevirandin, kevir kirin
lapin; kîroşk, kerguh, kevroşk
large; fireh
largeur; firehî
larme; hêsir, rondik, hêstir, firmêsk
las; bêzar, westiyayî, betilî
laser; lazer
lassitude; acizbûn, bêzarî
lavabo; lavabo
lave-linge; cilşo

laver; şûştin
lave-vaisselle; firaqşo
lavoir; cilşok
leader; rêber, serek, serok, pêşeng, pêşrev
leadership; serokatî, rêberî, pêşawatî
lécher; alastin
leçon; ders, wane, fêr
lecteur; xwendevan, xwende
lecture; xwendin
légal; legal
légendaire; efsanewî
légende; efsane
léger; sivik
légitime; rewa
légumes; sebze
lent; hêdî, giran
lentement; hêdîka
lenteur; destgiranî, giranî
lentille; nîsk
lesquel(s); kîjan
lettre; name
leur; wan
lever; hildan, rakirin, helanîn
lèvre; lêv
Liban; lubnan
libanais; lubnanî
libéral; liberal, azadmend
libérateur; azadker
libération; azadkirin, rizgarkirin
libéré; azadkirî
libérer; rizgar kirin, azad kirin
liberté; azadî
librairie; pirtûkfiroşî
libre; azad, rizgar
librement; azadane, serbestane
lié; hevbend, rexhev, pêve
lien; têkilî, pêwendî
lieu; cîh, war, şûn

ligne; xet, xêz, rêç
lime; êge, mevred
limite; sînor, hed
limonade; lîmonat
limpide; zelal, ronak, xwerû
lin; zererek, kitan
linguiste; zimannas, zimanzan
lion; şêr
liquide; avîn, riwîn
liquidité; avînî, riwînî
lire; xwendin
liste; lîste
litre; litre
littérature; wêje
livre; pirtûk, kîtêb
local; herêmî, deverî
location; kirêkirin, deman
logement; xanî, mal
loger; hewandin
logiciel; lojîsiyel
loi; qanûn, zagon
loin, lointain; dûr
long; dirêj
longtemps (depuis); ji mêj ve, ji zû de
longueur; dirêjahî
lors; dema, gava, wexta
lorsque; gava ku, dema ku, wexta ku
louche; çoçik
louer; kirê kirin, deman kirin
loup; gur
loupe; mercek
lourd; giran
lourdaud; destgiran
lourdeur; giranî
loyer; kirê
lucide; aqilser, hişyar, zana, şiyar
lucidement; hişyarane, bi zanatî, aqilserane
lucidité; aqilserî, hişyarî, şiyarî, zanatî

lui; wê, wî
lumière; ronahî, ronî
lumineux; ronak, rewşen
lunaire; heyvî, hîvî
lundi; duşem
lune; hîv, heyv
lunettes; berçavk
lunettes de soleil; berçavkên tavê
lutte; gulaş, têkoşîn
lutter; gulaş girtin, têkoşîn kirin, şer kirin
luxe; luks
lycée; lîse
ma; min
mâcher; cûtin
machine; makîne
machine à coudre; makîneya dirûtinê
mâchoire; çelefîk, çene, erzên, zenî
maçon; dîwarsaz
maçonnerie; dîwarsazî
madame; xanim, xan, xatûn
magasin; firoşgeh
magazine; magazîn
magicien; sêhrbaz, nêreng, sêrker
magie; sêhr
mai; gulan
maigre; zeîf, lewaz, qels
maigrir; zeîf bûn, lewaz bûn, qels bûn
maillot; mayo
main; dest
maintenant; niha, vêga, nika
maire; şaredar
mairie; şaredarî
mais; lê belê, belam
maïs; garis, lazût, gilgil
maison; xanî, mal
majeur; gihîştî
mal; êş, jan
malade; nesax, nexweş

maladie; nexweşî, nesaxî
malchance; bêşansî, bextreş
malchanceux; bêşans, bedbext
malheur; bedbextî, bextreşî, qeda
malicieux; fendar, yarîker, henekvan
malpropreté; qirêjî, gemarî
malveillant; xêrnexwaz
mamelle; çiçik, pêsîr
manche; destik, mil
manchot; bêdest, bêmil
mandarine; mandarîn
mangeoire; afir
manger; xwarin
manière; awayî, şêwaz, şêwe, awa
manifestation; xwepêşandan, xwepêşan
manifeste; daxuyanî
manque; kêmasî, kêmanî, kêmayî
manteau; manto
manteau de fourure; kevil
manuscrit; destnivîs, destxet
maquiller; makyaj kirin
marchand; bazirgan
marché; bazar
marcher; meşîn, bi rê ve çûn
mardi; sêşem
mari; mêr
mariage; zewac
marié; zewicî
marier; zewicandin, zewicîn
marin; deryayî
marital; zewacî
maritime; deryayî
marmite; beroş, quşxane
marque; marqa
marron; qehweyî
mars; adar
martyr; şehîd
masculin; nêr

masse; girse
masser; mizdan, mist dan
massif; girseyî
mastiquer; cûtin
maternel; dayikî
maternellement; dayikane
mathématiques; matematîk
matin; beyanî, sibe
matinal; sibezûkî
matinée; beyanî
matrimonial; zewacî
mature; gehiştî, gihaştî, kamil
mécréant; kafir, xwedênenas
médecin; bijîşk, doktor
médecine; bijîşkzanî, doktorî
médical; bijîşkî
médicament; derman
méditer; ponijîn
meilleur; baştir, çêtir, qenctir
mélanger; tevlihev kirin
mélodieux; awazî, hevaheng
melon; kelek, petêx
membre; endam
même; heman, wek
mémoire; hafiza, bîr, hiş
mémoires; bîrname
mémorable; bîrjiyan, bîrawer
mémorial; bîranînî, bîrname
menaçant; gefdar, gefok, gefxur
menace; gef
menacer; gefandin
mendiant; parsek
mensonge; derew, vir
mensonger; derewî
mensuel; mehî, mehane
menterie; derew, vir
menthe; nane
menthe sauvage; pûng

mentir; derew kirin, vir kirin, derew gotin
menton; çene, erzên, zenî
menuisier; merengoz, dartraş
mer; behr, derya
merci; spas, sipas
mercredi; çarşem
merde; gû, pîs
mère; dayik, dê
mes; min
mesquin; çikûs, çavteng
mesquinerie; çikûsî, çavtengî
message; peyam, peyxam
messe; îbadet, perestî
mesure; ahengdarî, pîv, pîvan
mesurer; pîvan, pîvîn
métal; metal
métier; kar, xebat
mètre; metre
meugler; orîn, bûrîn
meunier; aşvan
meurtre; kuştin, mêrkûjî, cinayet
microbe; mîkrob
microphone; mîkrofon
midi; nîvro(j)
miel; hingiv
mielleux; hingivîn, şîrîn
mieux; çêtir, baştir, qenctir
mignon; rûşîrîn, xwînşîrîn
milieu; navend
militarisme; artêşparêzî, serbazgirî
militariste; artêşparêz
mille; hezar
millet; garis, gilgil
milliard; milyar
millième; hezaremîn
millier; hezaran
million; milyon
mince; bejnzirav, narîn

minceur; bejnziravî
ministère; wezaret
ministre; wezîr
minuit; nîvê şevê
mirabelle; alûce
miroir; neynik
misère; feqîrî, hejarî, xizanî
mission; erk
missionnaire; mîsyoner
mi-temps; nîv dem
mitraillage; agirbaran
mode; rawe
modèle; model
moderne; nûjen
moi; ez
moins; kêm, hindik
mois; meh, mang, heyv
moisi; kufikî
moisson; çinîn, paleyî, debr
moitié; nîv
momentané; demî, gavkî
mon; min
monarchiste; keyperest, keyparêz
monde; gerdûn, cihan, dinya
mondial; cihanî, gerdûnî
monnaie; pere
monotone; yekaheng, yeknesak
montagne; çiya
montre; saet
montrer; nîşandin, nîşan dan, şanî dan
monument; peyker
moquerie; qerf, pêkenok
morbidité; merezdarî, merezî
mordre; gez kirin, geztin
mort; mirin
mosquée; mizgeft
mot; peyv, bêje
moteur; motor

motif; sedem
mou; nermik, destsist, sistok
mouche; mêş, mêşik, vizik
mouchoir; desmal
mouiller; şil kirin
moulin; aş
moulu; hûrkirî, hêrandî
mourir; mirin
mousse; kef
moustachu; bisimbêl
moustique; kermêş
moutarde; xerdel
mouton; mî
mouvement; tevger, bizav, lebat
muet; lal
mugir; orîn
mule; qantir, hêstir
multicolore; heftreng, rengîn
multiplication; carandin, carkirin
multiplier; carandin, car kirin
munition; ajar, cebilxane
mur; dîwar
mûre; tû
musicien; muzîkvan
musique; muzîk
musulman; misilman
mutisme; bêzimanî, lalî, bêzarî
mythe; efsane
nage; avjenî, soberî
nager; ajnê kirin, avjenî kirin, soberî kirin
naissance; bûyîn, zayîn
naître; bûyîn, zayîn
narine; firnik, bêvil
narrateur; dîrokbêj, vebêj
nasal; bêvilî
nation; netew, niştîman
national; netewî
nations-unies; neteweyên yekbûyî

nattage; honandin, hûnîn
natte; gûlî
natté; honandî
nature; xweza, sirûşt
naturel; xwezayî, sirûştî
navire; keştî
ne...plus; êdî, nema
nébulosité; ewrayî, ewravî, biewr
nécessaire; pêwîst, pêdivî, hewce
nécessité; pêwîstî, hewcedarî
nécessiteux; hewcedar, xizan, aborkirî
nectarine; teraqî
négociant; bazardar
négociation; guftûgo, gotûbêj, muzakere
nègre; reş
neige; berf
neiger; berf barîn
neigeux; berfdar
nerf; sinîr
nervosité; hêrsbûnî, bêhntengî
nettoyer; paqij kirin, malîştin, malîn
neutralité; bêalîtî, bêhêlî
neutre; bêalî, nealîgir, bêhêl
neuvième; nehemîn
nez; bêvil, poz, difin
nid; hêlîn
nier; înkar kirin
niveau; ast, paye, pile, rade
noël; noel
nœud; girêk
noir; reş
noisette; findiq
nom; paşnav
nomade; koçer
nomadisme; koçerî
nombre; jimar, hejmar
nombril; navik
nommé; binavkirî

non; na
nord; bakur
normalité; normalî, asayîtî
note; not, têbinî, nîşank
noter; nîşe girtin
notice; agahname
notification; agahdarname, danezan
nourrisson; berşîr
nourriture; xwarin, adan
nous; em
nouveau; nû
nouvelles; nûçe, dengûbas
novembre; mijdar, sermawez
noyer; xeniqandin, fetisandin
nu; tazî
nuage; ewr
nuageux; ewravî, biewr
nudité; tazîtî
nuit; şev
numéral; hejmarî
numéro; hejmar, jimar
nu-pieds; pêxwas
objet; tişt
obligation; binbarî, mecbûriyet, diviyatî
obligatoire; şert, mecbûrî
obscur; tarî
obscurité; tarîtî
observateur; çavdêr, çavnêr
obsolète; demborî
obstacle; asteng, bend, pêşgir
obtenir; bi dest xistin, peyda kirin
occasionnel; gavgavî, rasthatî
occupant; dagirker
octobre; cotmeh, kewçêr
odeur; bêhn
œil; çav
œuf; hêk
officiel; fermî

offrir; pêşkeş kirin, pêşniyar kirin
oie; qaz
oignon; pîvaz
oignon vert; pîvazê şîn
oiseau; çivîk, çûk, teyr
olive; zeytûn
ombre; sî
ombrelle; şemsî, sîvan
oncle maternel; xal
oncle paternel; ap, mam
ongle; neynûk
onze; yazdeh
onzième; yazdehemîn
opération; operasyon
opposé; dij
opposition; dijîtî, dijayetî, dijberî, hemberî
oppressé; çewisandî
or; zêr
orage; bahoz, bager
oral; devkî, devokî
ordinaire; asayî
ordinateur; kompûter
ordonnance; dermanname
ordonner; ferman kirin
ordre; rêz, pergal, ferman
oreille; guh
oreiller; balîf
organisateur; organîzator, sazkar
organisation; sazî, rêxistin
organisé; sazkirî
orge; ceh
orgueil; pozbilindî, quretî
origine; çavkanî
orner; xemilandin
orphelin; sêwî
orteil; pêçî
orthodoxie; ortodoksî
orthographe; rastnivîs

os; hestî
oser; wêrîn
ôter; rakirin, rakêşandin
ou; an
où; ka, li ku
oublier; ji bîr kirin
oublieux; bîrjiyan
ouest; rojhilat
oui; belê, erê
ours; hirç
outil; amraz, amûr
ouvert; vekirî
ouverture; vekirin
ouvrier; karker
ouvrir; vekirin
ovale; hêkanî
oxygène; oksîjen
pacificateur; aştîsaz, navbeynkar, lihevhêner
pacification; aştîsazî, navbeynkarî, lihevhênerî
pacifique; aştîperwer, aştîxwaz
pacifiquement; aştîxwazane
pacifisme; aştîperwerî, aştîxwazî
pacifiste; aştîxwaz, aştîperwer
pacte; peyman
page; rûpel
paiement; peredayîn
paille; pûş
pain; nan
paire; cot
paisiblement; aştiyane
paître; çêrîn
pâle; kal, çilmisî
pancarte; pankart
panier; sepet, selik, çapîk, zembîl
panne; arîze, xirabûn
pantalon; şal
papa; bavo
papier; kaxez, pel

papillon; pepûle, pirpirok, perperok
paquet; pakêt
par écrit; nivîskî, nivisandî
parachute; paraşût
paradis; bihuşt, cenet
parapluie; şemsî
parasol; sîwan
parâtre; bavmarî
parc; park
parce que; ji ber ku, lewre
parchemin; parşomen, keval
pardon; bexşîn, lêborîn
pardonner; bexşandin, borandin, lê borîn
pareil; vekhev
parent; dê û bav, malbat
parenthèse; kevane
paresse; tembelî, tiralî, teralî
paresseux; tembel, teral
parfois; carinan, car caran, hinde car
parfum; parfûm
parking; parkîng
parlement; parlemento
parler; axaftin, qise kirin
parmi; di nav de
parricide; bavkujî
part; par
partage; parkirin
partager; parve kirin
partenaire; şirîk, pişkdar
partenariat; şirikî, pişkdarî
parti; partî
participant; beşdar
participer; beşdar bûn
particulier; kesane
particulièrement; bi taybetî, nemaze
partie; beş
partir; çûyin, derçûn
parvenir; ragehiştin, gihaştin, gihan, gihîştin

pas; gav
passé; bihurî, borî
passeport; pasaport
passer; derbas bûn, bihurîn, borîn
pastèque; zebeş
pasteur; şivan
patate; kartol
pâte; hevîr
paternel; bavane
pâteux; hevîrî
patiemment; sebirane, bêhnfirehî
patienter; sebirîn, sebir kirin, tebat kirin
patin; paten
pâtisserie; şîranî
patriote; welatparêz, welatperwer, nîştimanperwer
patron; patron, kardêr
paume; kefa dest
pause; bêhnvedan, navber, rawest
pauvre; xizan, hejar, belengaz
pauvreté; xizanî, hejarî, feqîrî, belengazî
payer; pere dayîn
pays; welat
paysan; gundî
Pays-Bas; Holanda
peau; çerm
pêche; xox
péché; guneh
pécher; guneh kirin
pêcher; masî girtin
pêcheur; masîvan
pédagogie; pedagojî, amojkarî
pédale; pedal
peigne; şe
peigner; şeh kirin
peindre; boyax kirin
peine; ceza
peintre; wênesaz, wênekar, wêneçêker, şêwekar
peinture; boyax

pèlerin; hecî
pelle; bêr(ik)
pelle à poussière; carûd
pénal; cezayî
pendre; daleqandin
pénis; kîr, xir
pensée; raman, fikir
penser; fikirîn
pensif; xemgîn, xembar
perche; destek, rewt
perdre; winda kirin
perdu; winda
père; bav
période; dewr, vedor
périphérique; dorîn
permission; destûr
perpétuité; abadînî, domdarî, herheyî
perplexe; sersem, şêwî, sergêj, gêj
perruque; perûk
persan; farisî
persil; bexdenûs
personne; kes
personnel; şexsî, kesanî
pesant; giran
peser; wezinandin, pîvîn, pîvan
pet; fis, tir, ba
péter; tir kirin, fis kirin
péteur; tirek
petit; biçûk
petit bétail; pez
petit-fils; nevî
pétition; daxwazname
pétrole; petrol, neft
peu; hindik, kêm
peuple; gel, xelk, girse
peur; tirs
peureux; tirsonek, tirsiyar, newêrek
peut-être; dibe ku, belkî

pharmacie; dermanxane
pharmacien; dermanfiroş
phase; faz
phénomène; fenomen
philosophie; fîlozofî, felsefe
phobie; fobî
photo; foto, wêne
photocopie; fotokopî
photographe; fotokêş, wênekêş
photographie; foto
photographier; wêne kişandin
phrase; hevok
physicien; fîzîknas
physiologie; fîzyolojî
physionomie; fîzyonomî
physique; fîzik
piano; piyano
pied; pê, ling
pierre; kevir
pigeon; kevok, koter
pigeonnier; borangeh
piller; talan kirin
pilote; pîlot
pinceau; firçok
pincer; kurçimandin, quncirandin
ping-pong; pîngpong
pingre; çikûs, çavteng
pipe; qelûn
pique-feu; agirgirek
piqûre; derzî
pire; xirabtir
piscine; hewz
pisser; mîstin, mîz kirin, mîzîn
pistache; fistiq
pitié; birehmî, dilşewatî
place; şûn, cih, dews
plafond; asraq, orik
plage; plaj

plaidoirie; dozdarî, gilîparêzî
plaidoyer; dozdarî
plaie; birîn, kul
plaignant; gilîker, gilîdar, dozdar
plaine; deşt, berî, mexer
plainte; gilî, gazin, doz
plaisanter; henek kirin, yarî kirin
plaisanterie; henek, yarî
plaisir; kêf, zewq
planter; çandin
plat; fera, firak
plateau; sênî
plein; tijî, tije
pleurer; girîn
pluie; baran, şilî
plumer; rûçikandin, rût kirin, rûtandin, peritandin
plus; zêdek, hîn
plutôt; bêhtir
pluvial; baranî
pluvieux; şilîdar, barandar
pluviomètre; baranpîv
poche; berî
poêle; tawe, miqilk, sobe
poème; helbest
poète; helbestvan
poids; giranî
poignée; destik, kulm
poignet; qevdik, zend
poil; mû, pûrt, pirç
poilu; bimû, bipûrt, bipirç
poing; kulm
point; nuqte, deq
pointu; sertûj, tîj, tûj
point-virgule; nuqtebêhnok, xalbîhnok
poire; hirmî
poire sauvage; girsik
poireau; pirasa
pois-chiche; nok

poisson; masî
poitrine; pêsîr, sîng
poivre; filfil, îsot
poli; biedeb, kubar
police, policier; polîs
polluer; hewa qirêj kirin
pollution; qirêjkirin, lewitandin
pomme; sêv
pommes de terre; kartol
pommier; darsêv
pompe; pompa
pompier; agirvês
populaire; gelêrî, navdar, nasyar
porc; beraz, xinzîr, wehş
porc-épic; sixûr
porte; derî
porte-avion; balafirhilgir
porte-drapeau; direfşgir
portefeuille; cuzdan
portemanteau; portmanto
porte-monnaie; cuzdan
porter; li xwe kirin, hilgirtin
portier; dergevan
portugais; portekîzî
Portugal; Portekîz
pose; danîn
poser; danîn, bi cîh kirin, pirsîn
posséder; hebûn, xwedî bûn
possesseur; xwedî, xweyî, xwedan
poste; poste
potage; şorbe
pot-de-vin; bertîl
poteau; kut, stûn
poubelle; sergo, zibildank
pouce; beranek
poudre; podra
poulain; canî, cehnî
poule; mirîşk, tûtik

poulet; mirîşk, tûtik
poumons; pişik
poupée; bûkik
pour; ji bo
pour...que; da ku, ji bo ku
pourboire; bexşîş
pourquoi; çima, ji bo çi
pourri; pûç, rizî(yayî), genî
pourrir; genî bûn, rizîn, bêhn ketin
poursuivre; şopandin, li dû çûn, pey çûn
pourtant; lê, dîsa jî
pousser; tehm dan, dehf dan
poussière; gemar, xwelî
poussin; çêçik, çîcik
poutre; gêrş
pouvoir; karîn
prairie; mêrg
pratique; pratîk
précaution; pêşgirî, bergirî
précédent; pêştir, ewil
précieux; birûmet, hêja, girambar
préciser; diyar kirin
précité; jornivîsî
préfecture; wîlayet, parêzgeh
préférer; tercih kirin
préfet; walî, parêzgar
préliminaire; destpêkî
prématurément; berwext, bêwext, bêdem
préméditation; bihemdî
premier; yekemîn
premier ministre; serokwezîr
prendre; girtin, standin, wergirtin
prénom; nav
préparation; amadekirin, amadehî
préparer; amade kirin
préposition; daçek
près; nêz, nik, rex
présentation; danasîn, berpêşkirin, pêşkêşî

présenter; danasîn, berpêş kirin, pêşkêş kirin
préservatif; prezervatîf
présidence; serokatî
président; serok
président de la république; serokkomar
presque; kêmzêde
pressé; pelepel, bi lez
pressentiment; dilbêjî, hest
presser; lezandin, lez kirin
prêt; amade
prétexte; bahane, hêncet
prêtre; keşe
preuve; delîl
préverbe; berlêker
prévoyant; pêşbîn
prier; nimêj kirin
prière; nimêj
prince; prens, mîr, mîrza
principal; sereke, hîm, binyad
principalement; serekeyî, binyadî, hîmî
printanier; biharî
printemps; bihar
prise; prîz
prison; girtîgeh
prisonnier; zindanî, girtî
prix; bihayî, fiyet
procès; doz
proche; nêz, nik
procureur; dozger
producteur; hilberîner, berhemdêr
productif; berhemdar
production; berkêşan
productivité; berhemdarî, berdarîtî
produit; hilber
professeur; mamoste
profession; meslek, pîşe
profond; kûr
programmateur; bernamenivîs

programme; bername
progrès; pêşveçûn
projet; proje
prolétaire; prolêter
promenade; ger, geşt, seyran
promener; gerandin
promettre; soz dayîn
prompt; destsivik
pronom; cînavk
prononcer; bi lêv kirin
prononciation; bilêvkirin
propagande; propaganda
proposition; pêşniyar, pêşniyaz
propre; paqij, pak
propriétaire; xwedî, xweyî
prospérité; refah, bextewarî
prostituée; forq, gandêr
protection; parastin, stirandin
protéger; parastin
protestant; protestan
prouver; isbat kirin
provision; debar
provocateur; provokator
psychiatre; psîkiyatr
psychologue; psîkolog
puant; genî
publicité; reklam
puce; kêç
puissant; hêzdar
puits; bîr
pulvérisateur; avpijên, fişfişok
punir; ceza kirin
punition; siza, ceza
pur; pak, zelal, xwerû
pureté; pakî, zelalî, xwerûtî
putréfier; genî kirin, rizandin, pûç kirin
pyjama; pîjama
quadrilatère; çargoşe

quadruple; çarber
qualité; kalîte
quand; kinga, kengî
quantité; qas, çiqas
quarante; çil
quarantième; çilemîn
quart; çarîk, çaryek
quatorze; çardeh
quatorzième; çardemîn
quatre; çar
quatre vingt dixième; nodemîn
quatre vingtième; heştemîn
quatre-vingt; heştê
quatre-vingt-dix; nod
quatrième; çaremîn
que; ku
quel; kîjan
quelqu'un; kes
quelquefois; car caran, carinan
quelque(s); çend(ik), hin
querelle; pevçûn, bihevketin
question; pirs, pirsyar
queue; boç, dûv, boçik
qui; kî, kê
quinze; panzdeh
quitter; terkandin, bi cîh hiştin
quoi; çi
quotidien; rojane, rojîn, herrojî
quotidiennement; her roj
raccourci; kinkirî, kurtek
raccrocher; telefon girtin
racine; reh, rayek
raciste; rasîst, nîjadperest
racket; raket
raconter; vegotin
radiateur; kalorîfer
radio; radyo
radis; tirp, tivir

rage; harbûn
raisin; tirî
raison; aqil
raisonnablement; aqilane
raki; araq
ralentir; sist kirin, hêdî kirin
rallumer; ji nû ve vêxistin
ramasser; berhev kirin, kom kirin
ramener; paş ve anîn
ramper; xuşilîn
randonnée; ger, seyran, geşt
rangée; rêz, ref
rapide; bi lez
rappeler; bi bîr xistin
raquette; raket
rasé; kurkirî, rûtkirî
raser; kur kirin
rassasié; têr
rassemblement; civandin, komkirin
rassembler; civandin, kom kirin
rassurer; bawerî dayîn, aş kirin
rat; cirdon, koremişk
râteau; neprûk, rapêlk, çartil
ravi; kêfxweş, halxweş, dilxweş
rayon; şewq
réaction; reaksiyon, bertek
réalisateur; fîlmçêker
réalisation; pêkhatin, çêbûn
réalité; heqîqet, rastî
réanimateur; vejîner
rebelle; serhildêr, raperîner
réception; resepsiyon, pêrgîn
recevoir; wergirtin
recherche; lêkolîn, lêgerîn
rechercher; vekolîn kirin, lekolîn kirin
récipient; avdank
récit; çîrok, qiset
réciter; vegotin

réclamation; gilî, gazin
réclamer; gilî kirin, gazin kirin
réclusion à perpétuité; cezayê sermedî
récolte; çinîn, paleyî, debr
récolter; çinîn
recommander; pêşniyar kirin, tewsiye kirin, pend kirin
recommencer; ji nû ve dest pê kirin
reconnaître; venasîn
record; rekor
récréation; bêhnvedan
reçu; meqbûz
recueillir; civandin, berhev kirin
rédacteur; redaktor, rastker
redoublement; ducarîbûn
réduction; kêmkirin, daxistin
réel; rast, rasteqîn, bera
réellement; heqîqeten, rastane
réfléchir; fikirîn, hizirîn
réflexe; refleks, bertekî
réforme; çaksazî, nûsazî
refrain; dîsgotin
refroidir; sar kirin, cemidandin, qefilandin
refuge; sitargeh, penah, sitare
réfugié; penaber
refus; red
refuser; redandin, red kirin, lê zivirandin
regard; nêrîn, awir
regarder; nêrîn, mêze kirin, raçav kirin, mêzîn
régime; rejîm
régiment; alay
région; navçe, herêm
règle; rastek, rastgêş
régler; çareser kirin, safî kirin
regret; poşmanî
regretter; poşman bûn
rein; gurçik
reine; qralîçe, keybanû
réitératif; ducare

rejeter; red kirin, lê zivirandin
relation; têkilî, peywendî
religieux; dînî, olî, oldar, dîndar
religion; dîn, ol
remarquable; çavpêketî
remède; derman
remercier; spas kirin
réminiscence; bîrhat, bîranîn, rabirdû
remous; avger, gerînek
remplaçant; şûngir
remplir; dagirtin, tijî kirin, tije kirin
remuer; livandin, leqandin, lebitîn
renard; rûvî, rovî
rencontrer; rast hatin
rendez-vous; randevû, jivan
rendre; teslîm kirin
renom; navdarî
rentrer; zivirîn, fetilîn, ketin hundir
renversé; qelibandî, dernixûn
renverser; qelibandin, ser û bin kirin
renvoyer; qewitandin, dagerandin
répandre; rijandin, rokirin
réparation; tamîr
réparer; tamîr kirin, çêkirin
repas; xwarin
repasser; ûtî kirin
répéter; dubare kirin
répétition; ducarî
répondre; bersivandin, bersiv dan
réponse; bersiv
reportage; roportaj, heypeyvîn
reposant; vehesîner, aramdar
reposé; arambûyî, dilfireh
reposer (se~); vehesîn, bêhna xwe dan
représentant; nûner
représentation; nûnerî
reproche; gazinc, gazind
reprocher; gazinc kirin

repu; têr
république; komar
répugnant; qevçil, kerax
réputation; nav, navdarî
requérant; serlêder
rescapé; afatzede
réseau; şebeke
réserver; rezervasyon kirin
réservoir; bargîn, depo
résistance; berxwedan
résistant; berxwedankar
résolution; biryardan
résonance; dengvedan
résoudre; çareser kirin
respect; rêz, giramî
respecter; rûmet dayîn, rêz girtin
respiration; bêhn, bêhngirtin, bêhnefişk
respirer; bêhn girtin, bêhna xwe dan, bêhna xwe vedan
responsabilité; berpirsiyarî
responsable; berpirsyar
ressembler; şibîn, dirûvîn, lêçûn, dirûv pêketin
ressentir; hisîn, his kirin, hesiyan
restaurant; xwaringeh, restoran
reste; tarasî
rester; man, mayîn
retard; derengî
retardateur; derengker
retardement; derengmayînî
retarder; derengî man
retenir; ragirtin, nehiştin
retour; veger, zivir
retourné; dernixûn, zivirandî
retourner; vegerandin, zivirandin, fetilandin
réunion; civîn, kombûn
réunir; civandin, kom kirin, berhev kirin
réussir; serketin, serefraz bûn, miyaser bûn
réussite; biserketin, serfirazî
revanche; tol

rêve; xewn
réveil; hişyarbûn, şiyarbûn, jixewrabûn
réveillé; şiyar, hişyar
réveiller; hişyar kirin, şiyar kirin, ji xew rakirin
revenir; vegerîn, zivirîn, fetilîn
revenu; dahat, hatinî
rêver; xewn dîtin
revivre; vejîn
révolté; serhildayî
révolution; şoreş
révolutionnaire; şoreşger, şoreşvan
revue; kovar
rhume; zekem, bapêş
ridé; qermiçî, qurmiçî, qermiçandî, kevloşk
rideau; perde
rien; hîç, qet
rieur; kenok, biken
rigolo; qeşmerok, yarîker, henekbaz
rigueur; hûrbînî, mîsogerî
rincer; werdan, çelqandin
risque; rîsk
rive; derav, perav, qerax
rivière; çem
riz; birinc
robe; fîstan
robinet; şirav
robot; robot
roche, rocher; zinar
roi; key
rôle; rol
romancier; romannivîs
ronfler; xirînî kirin , pirxîn
ronger; revaştin, ko(ş)tin, ko(j)tin
rose; gul
rosée; xunav
roseraie; gulistan
rosser; kutan, lêdan
rôti; biraştî, qijilandî, sorkirî

roue; çerx
rouge; sor
rougir; sor bûn
roulade; belqoç, gindirandin, gindirîn
rouler; belqoç bûn, gindirandin, gêr kirin, gindirîn
route; rê(k)
roux; porsor, gizir
royaliste; keyperest
royaume; kraliyet
royauté; keyîtî
ruban; qomçe
rue; kolan
ruine; şûnewar, wêran, dêran
rural; gundewarî
ruse; fen, dek, fêl
rusé; fendar, hîlebaz, fêlbaz, dekbaz
russe; rusî
Russie; Rusya
rythme; rîtm, aheng
rythmé; ahengî
sa; wî, wê
sable; sêlak
saboté; sabote
sac; çente
sacré; pîroz, miqedes
sage; aqildar, zana, seyda
sagement; aqilane, zanakî
sagesse; aqilmendî, zanayî
saigner; xwîn bûn, xwîn jê hatin
saint; pîroz, miqedes
saisie; girtin, desteserî
saisir; girtin, destdan ser, desteser kirin
saison; demsal
salade; selete
salaire; mehanî, mûçe
salarié; karker, xebatkar
sale; qirêj, qilêr, gemar, lewitî
salé; şor

saler; xwê lê kirin, şor kirin
saleté; qirêjî, qilêrî, gemarî, lewitî
salière; xwêdank
salir; qirêj kirin, gemarî kirin, lewitandin
salive; avdev, tif, tû(k)
salle; ode, salon
salon; salon
saluer; silav dan
samedi; şemî
sang; xwîn
sanglot; xîsk
sangloter; xîsikîn
sans; bê, bêyî
santé; tenduristî
sardine; sardîn, masîwûrk
saucisse; sosîs
sauf; xeynî, bilî
saumon; masîxatunk
saupoudrer; pê werkirin, reşandin, verêtin
saut; lot, çindik
sauter; lotik dan, hol kirin
sautillement; lotikdan, holdan
sauver; filitandin, rizgar kirin
sauveteur; rizgarker
sauveur; rizgarker
savant; zana, ferzan, zanyar
savoir; zanîn, nasîn
savon; sabûn
scénariste; senarîst
schizophrène; şîzofren
science; zanistî
scientifique; zanist
scierie; birrekxane
scintiller; biriqîn, vejenîn, çirûsîn
scolaire; dibistanî
scorpion; dûpişk
scotch; band
sculpter; rewêrtin, peyker kirin

sculpteur; peykersaz
sculpture; peykersazî
séance; civîn, danîşan
seau; satil, dewl, bêdroş
sec; ziwa, hişk, bêav
séché; hişkbûyî
sécher; ziwa kirin, hişk kirin
sécheresse; hişkayî, hişkî, ziwatî
second; duyemîn
seconde; saniye
secouer; hejandin, lerizandin, gijgijandin, daweşîn
secourir; rizgar kirin
secours; alî(karî)
secousse; hej(an), lerz
secret; veşartî, dizî, nepenî
secrétaire; sekreter
section; şax, beş, dabeş
sécurité; ewlehî
séduction; dîlberî, dilniwazî, dilkêşî, balrakêşî, kêşvanî
seigle; şilêl
seigneur; axa
sein; pêsîr, memik
seize; şazdeh
seizième; şazdehemîn
sel; xwê
sélectif; bijare
selon; gorî, biya
semaine; hefte
sémantique; semantîk, watenasî, watezanî
semelle; binsol
semence; tov, toxim
semer; çandin
sénateur; senator
sens; alî, wate, hêl
sentiment; hîs, hest
sentir; his kirin, pê hisîn
séparation; veqetandin, jihevkirin, cihêkirin
séparer; veqetandin, ji hev kirin, cihê kirin

sept; heft
sept cent; heftsed
septembre; îlon, rezber
septième; heftemîn
septuple; heftbare
serbe; sirb
serein; dilfireh, aram
sérénité; dilfirehî, aramî
série; rêze
sérieusement; bi cidî, bi girîngî
sérieux; cidî, girîng
seringue; derzî
serpent; mar
serré; şidandî
serrer; jidandin, şidandin, guvaştin
serrure; kilît, mifte, qufil
serveur; garson, berkar
serviable; destegir, xêrxwaz
service; xizmet, karûbar
serviette; pêjgîr
servir; xizmet kirin
servitude; bindestî, xulamî
ses; wî, wê
sésame; kuncî
seul; tenê
sexe; seks, zayend
sexualité; seksualîte, zayendarî
sexuel; cinsî
sexy; seksî
shampoing; şampûan
si; ger, heger, heke
siècle; sedsal
siège; kursî
siffler; firîzîn, fîtîn
sifflet; fîrfîrk, pîzpîzik
siffloter; fîtik lêxistin, firîzîn
signal; sinyal
signe; nîşan(ek), şan

signer; îmze kirin
silence; bêdengî, sukût
silencieux; bêdeng
similaire; jihev, wek, hevşêwe
similitude; hempayî, wekhevî, dirûvtî
simple; hêsan
simplet; aqilsivik
sincère; samîmî, jidil, canecan
singe; meymûn
singulier; yekane
sinon; an jî
sioniste; siyonîst
site; geh
situation; rewş, awa
six; şeş
sixième; şeşemîn
ski; skî
slave; slav
slip; kulot, derpê, derpêqut
socialiste; sosyalîst
société; civak
soda; gazoz
sœur; xwişk, xweh, xweng
soif; tî, tîbûn
soigné; dermankirî
soigner; derman kirin
soir, soirée; êvar
soixante; şêst
soixante dixième; heftêyemîn
soixante-dix; heftê
soixantième; şêstemîn
sol; ax, xak, erd
soldat; leşker
soldes; erzanî
soleil; ro(j), tav(ik), hetav
solidaire; pişthev
solidarité; pişthevî
solide; mezbût, zexm, têkûz

solidité; zexmî
soliste; solîst
solitaire; tenê
solution; çareserî
sombre; tarî, kêmron
sommeil; xew
son; deng, awaz, gal, pêjn, tingî,
sonner; zîl lêxistin, çingîn
sonnette; zîl, zengil
sorte; cins, cure, babet
sortie; derketin, derçûn
sortir; derketin, derçûn
sot; xêvik, hişsivik
sottise; bêaqilî, xêviktî
sou; pere
souci; xem
soucoupe; binik
soudainement; ji nişka ve
souffler; pif kirin
souffrir; êşîn, jan dan
souhaiter; daxwaz kirin
souk; bazar
soûl; serxoş, sermest, serxweş
soulager; rehet kirin
soulever; rakirin, hildan
soupière; girarîn, şorbedank
soupir; axîn
souple; nerm
source; çavkanî
sourcil; birî, birû
sourd; kerr
souriant; devken, rûgeş, rûkenok
souris; mişk
sous-développé; kêmpêşketî
sous-intendant; berkeya
sous-vêtement; bincil
soutenir; pişt(girî) kirin, piştevanî kirin
soutien; alîkarî, alîgirî, piştevanî, piştek, paldank

soutien-gorge; sûtyen
souvenir; bîranîn, rabirdû
spacieux; fireh
spécialiste; pispor
spectacle; dîtiyarî, pêşande, rapêşî
spectateur; temaşevan
spéculatif; spekulatîf
sperme; avik
splendide; bedew, rewnaq, ronak, çirsok
sport; spor, werzîş
sportif; sportîf
squash; skwash
squelette; îskelet, kakût, qîq
stabilisé; stabilize, rastkirî
stable; biîstiqrar
stade; stad
stage; staj
stambouliote; stembolî
statue; peyker
stérile; xirş, zirzek
stérilité; bêbereketî
stratégie; stratejî
stupide; bêaqil, bêheş, xêvik
styliste; modesaz
stylo; pênûs, qelem
subjonctif; bilanî
subsistance; debar, abor
sucer; mêtin, mijîn
succès; serketin
succursale; acente, şax
sucette; mijik
sucre; şekir
sucré; şîrîn, şîranî, şekirî
sucrier; şekirdank
sud; başûr
sud-est; başûrê rojava
sud-ouest; başûrê rojhilat
suer; xû dan, xwê dan, xweh dan

sueur; xwêdan
suicidaire; xwekuj
suicide; xwekujî
suite; dûmahî
suivre; şopandin, li pey çûn
sujet; kirde
sujétion; bindestî, bindarî
sumac; simaq
sumérien; sumerî
super; super
supérieur; jorî
supervision; çavdêrî
suppléant; cîgir
support; destek, piştgirî, piştevanî
supporter; alîdar, piştevan, pişt girtin, alî(karî) kirin
sûr; bêguman, bêşik
surchargé; bargiran
sûreté; ewlekarî
surface; rûber
surprenant; ecêb, balkêş
surprise; suprîz
surtout; bi taybetî, nemaze
surveiller; raçav kirin
survenir; qewimîn
suspect; gumanbar, şikbar
syllabe; kîte
symbole; sembol
symétrique; sîmetrîk
sympathique; dilgerm
syndicaliste; sendîkalîst
syndicat; sendîka
synonyme; hemwate, hevmane
syntaxe; hevoksazî
Syrie; Sûriye, Sûrî
syrien; sûriyeyî, sûrî
système; sîstem
ta; ya te
tabac; titûn

table; mase
table à repasser; masa utiyê
tableau; tablo
tabou; tabû
tabouret; tabûre, kursî
taille; bejn, qam
taille-crayon; pênûstraş
tailleur; terzî, peykertiraş
taire (se~); hiş bûn
talent; huner
talon; panî
tambour; def
tampon; tampon
tant; çendî, çendîn
tante; jinmam, xaltî
taper; lêdan, lêxistin
tapis; mafîr, xalîçe, mehfûr
tapisserie; xalîkerî
tard; dereng
tardif; derengketî, derengmayî
tarte; pasta
tartine; sernan
tasse à café; fîncana qehwê
tasser; dewisîn
tatouage; deq
taupe; xiltê kor
taureau; ganêr
taux; rêje
taverne; meyxane
taxe; bac
taxi; taksî
technicien; teknîsiyen
technique; teknîk
technologique; teknolojîk
tel; wisa, wiha, wilo, welê
télécommande; telekomand
télécopie; faks
téléphone; telefon

téléphoner; telefon kirin
télévision; televiziyon
témoin; govan, şahît
température; germî
tempête; bahoz, bager
tempétueux; bagerîn
temple; perestgeh, pîrozgeh
temps; dem, wext, çax
tendre; zîz, dilovan, piyar
ténèbres; ewrereşî, tarîtî
tenir; pê girtin
tennis; tenîs
tente; kon
tenter; ceribandin
tenue; serûber
terme; dawî, qewl
terminaison; dawîn
terminé; qedayî
terminer; qedandin
terrain; erd, erse
terre; erd, ax
terreur; teror
terrible; erjeng
terroriste; terorîst
tes; yên te
testicule; gun(ik), hêlik
tête; serî, ser
téter; mêtin, mijandin
texte; tekst, nivîsar
thé; çay
théâtre; şano
théière; çaydank
thématique; babetî
théocratique; teokratîk
théorique; teorîk
thermomètre; termometre
tiers; sêyek
tige; tîj, qemçik, çembil

tigre; piling
timbre; pûl
timide; fediyok, şermok, şermîn
tir; şût
tirer; kaş kirin, kêşandin, kişandin
tiroir; dexîl, kaşok, berkêşk
tisonnier; agirgirek
tissu; qumaş, pot
titre; sernav, sername, sernivîs
toi; tu
toile; çitare, kitan
toit; banî
tomate; firingî, şamik, bacanê sor
tombe; gor, mezel
tomber; ketin
ton; te
tonne; ton
tonnerre; brûsk
tonton; apo
tordre; badan, tewandin, zivirandin
tordu; badayî, tewandî
tornade; bager
tort; neheqî
tortue; kûsî
torture; îşkence
tôt; berwext, zû
total; giştî, têhev
toucher; dest dan, dest lê dan, raçandin
touffe; qefş, baq, qevd
toujours; hertim, herdem, hergav, tim û tim
tourbillon; gerav, gerînok, bager
tourisme; turîzm
touriste; tûrîst
tourner; doş bûn, çerixîn
tournevis; tornevîde, bader
tous; giş, hemû, tevahî
tousser; kuxîn
tout; giş, hemû, tevahî

toutefois; lê belê
toux; kuxik
toxicité; axûdarî
toxique; axûdar, jehrîn
trace; şop, rêç
tracteur; traktor
tradition; sêselet, kevneşop, edet
traduire; wergerandin
trahir; xayintî kirin
train; trên
traîner; xijikandin, bi xwe re kaş kirin
traire; dotin
trancher; jêkirin, hûr kirin, feliqandin
tranquille; dilaram, aram
tranquillité; dilaramî, aramî, sekanî
transitif; gerguhêz
transitoire; demekî, berdem, berwext, çendemî
transpirer; xû dan, xweh dan, xwê dan
transporter; neqilandin, guhastin
travail; kar, xebat
travailler; xebitandin, kar kirin
travailleur; kedkar, karker
traversée; derbasbûn, rawirîn
traverser; derbas bûn
trayeuse; bêrîvan
trèfle; nefel
treize; sêzdeh
tremblement; hejan, lerz, hejîn
trembler; lerizîn, hejîn, hejiyan
tremper; şil kirin
trente; sî
trente et un; sî û yek
trentième; siyemîn
très; gelek, zor, pirr, zehf
trésor; xizne, xezîne, gencîne
trésorier; xiznedar
tressage; honandin, hûnandin
tressé; honandî, hûnandî

tri; hilçan
triangle; sêgoşe
tribal; eşîrî
tribu; eşîr
tribunal; dadgeh
tricher; hîle kirin, fêl kirin, zexeltî kirin
tricherie; hîle, fêl, zexeltî
tricheur; hîledar, hîlebaz, zexel, fêlbaz
tricot; hêkî
tricycle; sêçerxe
trier; veqetandin, ji hev kirin, bijartin
trimestre; sêmehane, sêmehî, sêmange
triple; sêqat
triste; xemgîn, xemdar, berketî, xembar
trois; sê
troisième; sêyemîn
trombone; kaxezgir
tromper; xapandin
trompette; trompet
trompeur; xapînok
tronc; qurm(ik)
trop; zêde, pirr, zor
tropical; tropîkal
trottoir; peyarê
trou; qul(ik), kulek
troubler; şolî kirin, şelo kirin, li hev xistin
troubler (se~); hejiqîn, heşirîn
trouer; qul kirin, qulqulandin
troupeau; garan, kerî, ref, qefle
trouvaille; vedîtin, kefş, nûvedan
trouver; dîtin, vedîtin, peyda kirin
tu; tu, te
tube; tub, lûle
tué; kuştî
tuer; kuştin
tueur; kujer
tumultueux; aloz, birepîn, bitepîn, bixirecir
tunnel; tûnel

turc; tirk
Turquie; Tirkiye
tuyau; borî
un; yek
un milliard; milyarek
un million; milyonek
unanimité; yekdengî
uni; yekbûyî
unicolore; yekreng
uniforme; yekaheng, yekşêwe
unilatéral; yekalî, yekhêlî
union; yekîtî
unique; yek
unitaire; unîter, yekpare, yekgirtî
unité; yekîtî, yekîne
univers; gerdûn, cîhan
universel; gerdûnî, cîhanî, hemgelî
universitaire; zanîngehî
université; zanîngeh, zanko
urbain; bajarî
urbanisme; bajarvanî, şaresazî
urbaniste; bajarvan, şaresaz
urgent; acîl, bilez, pelepel
urine; mîz
uriner; mîstin, mîz kirin, mîzîn
usage; bikêrhatin, bikaranîn
usine; karxane, bêşegeh
ustensile; alav, amûr
utile; bikêrhatî, kêrhatî
utilisation; bikaranîn
utiliser; bi kar anîn
utopique; utopîk
vache; çêlek, mange
vacher; gavan
vagin; quz
vague; pêl
vain; vala, tewş
vaisselle; firaq

valeur; rûmet, biha
valise; bawul
vanille; vanîlya
vanter; pesinandin, pesin dan
vapeur; hilm, dûkel, keledoş
variable; guhêrbar, guhêrok
varier; guhartin, veguherandin
vase; guldank
vaste; berfireh, bêserûbin, balûpal
veau; golik
veille; pîr
veillée; şevbêrk
veine; damar
vélo; bisîklêt
vendre; firotin
vengeance; tol, heyf
vengeur; tolgir, heyfgir
venir; hatin, werîn
vent; ba
vente; firotin, firotan
ventilateur; bajen, baweşên, baweşîng
ventilation; bajenî, baweşênî
ventre; zik
venue; hatin
ver; kurm(ik)
verbe; lêker
véreux; kurmî
verger; bax, bexçeyê fêkiyan
verglas; cemed
vérifier; venêrîn, venihêrtin
véritable; rastîn, heqîqî, rasteqîne
véritablement; bi rastî, rastane
vérité; rastî, heqîqet
verre; îskan
verser; rijandin, rêtin
vert; kesk, hêşîn
vertueux; fezîletdar, meziyetdar
veste; cakêt, saqo

vêtement; cil, kinc, berg, cilûberg
vétérinaire; beytar
veuf; bî
vexer; dil hiştin, dil êşandin
viande; goşt
victime; qurban
victoire; serfirazî, serkeftin
victorieusement; serketiyane
vide; vala
vidéo; video
vider; vala kirin
vie; jiyan, jîn
vieillesse; pîrbûn
vieillir; pîr bûn, kal bûn
vieillot; kevne
vierge; bakîre
vieux; kal
village; gund
villageois; gundî
ville; bajar
vin; mey, şerab
vinaigre; avtirş
vingt; bîst
vingt et un; bîst û yek
vingtième; bîstemîn
violence; şidet, tundî
violent; tûnd
violer; dest avêtin, destdirêjî kirin
violon; keman
vipère; margisk
virage; vîraj, fetlanek, fetlok
virgule; bêhnok
visage; rû, sûret, serçav, wec
viseur; agirnîşan
visible; diyar, xuya, aşkere
visite; seredanî, serdan
visiter; çûn serdanê, saxtî kirin
visser; vîde kirin, cer kirin

vital; jiyanî, jînî, jîndar
vitalité; jîndarî
vite; zû, lez
vitesse; lez
vitre; cam
vivace; jîndar
vivant; jîndar, zindî, jînde
vivre; jîn, jiyîn
vœu; miraz, xwestek
voie; rê(k)
voile; laçik, serpûş
voir; dîtin
voisin; cîran, cînar
voisinage; cîranî
voiture; erebe, tirembêl, seyare
voix; deng, awaz, hes
vol; dizî
volcan; volkan
voler; dizîn
voleur; diz
volontiers; bi kêfxweşî, bi dilxweşî
vomir; vereşîn
vos; we
vote; ray, deng, dengdan
voter; ray dan, deng dayîn, deng dan
votre; we
vouloir; xwestin, viyan
vous; hûn, we
voyage; geşt, ger, rêwîtî, rêwingî
voyager; seyahet kirin
voyageur; rêwî
voyelle; dengdar
vrai; heqîqî, rastî, durist
vraiment; heqîqeten, bi rastî, bera
vue; dîtin, dîmen, bergeh
wagon; vagon
wc; tualet, avdestxane
week-end; dawiya heftê

yaourt; mast
yeux; çav
yézidi; êzidî
zaza; dimil(k)î
zèbre; kerê belek, kerkulan, kerqolan
zéro; sifir
zizi; bilik, cûcik
zone; dever, herêm
zoologie; ajalnasî
zoologue; ajalnas
zoroastrien; zerdeştî
zoroastrisme; zerdeştîtî, agirparêzî

FERHENGA FRANSÎ – KURDÎ (kurmancî)

DICTIONNAIRE FRANÇAIS – KURDE

abadînî; éternité, perpétuité
abestî; futilité
abone; abonné
abor; subsistance
aborî; économie
aborînas; économiste
aborkirî; nécessiteux
acente; succursale
aciz kirin; déranger, ennuyer
acizbûn; ennui, lassitude
acizbûyî; ennuyé
acîl; urgent
acûr; brique
acûs; laid
acûsî; laideur
adan; aliment, nourriture, fertile
adanî; fécondité, fertilité
adaptasyon; adaptation
adar; mars
adet; habitude, coutume
adetdar; habituel
adetî; coutumier
adil; équitable, juste
adilane; justement, équitablement
adres; adresse
afatzede; rescapé
afir; auge, mangeoire
afirandin; création , créer
aforoz; excommunication
aforozbûyî; excommunié
agahdar; averti, informé
agahdar kirin; informer, avertir
agahdarî; avertissement
agahdarname; notification
agahî; information
agahker; informateur
agahname; agenda, notice
agir; feu, incendie

agirbaran; mitraillage
agirberdêr; incendiaire
agirbest; cessez-le-feu, armistice
agirçav; hardi
agirçavî; hardiesse
agirdank, agirgeh; âtre
agirgirek; pique-feu, tisonnier
agirgirtî; enflammé
agirjen; briquet
agirkuj; extincteur
agirkujî; extinction
agirnak; brûlant
agirnakî; brûlure
agirnîşan; viseur
agirparêzî; zoroastrisme
agirşewat; cataclysme
agirvês; pompier
agirvêsî; extinction
agirxane; forge, fourneau
agora; agora
aheng; convenance, rythme
ahengdar; cadencé, concordant
ahengdarî; mesure
ahengî; rythmé
ajal; animal
ajalên kêriyê; bétail
ajalnas; zoologue
ajalnasî; zoologie
ajan; agent
ajar; munition
ajnê kirin; nager
ajokerî; conduite
ajotin; conduire
ajotî; labouré
ajovanî; conduite
akademî; académie
akademîk; académique
akademîsyen; académicien

akrobasî; acrobatie
akrobat; acrobate
aksan; accent
aksiyon; action
aktîvîst; activiste
aktîvîzm; activisme
aktûalite; actualité
aktûel; actuel
ala; étendard, drapeau
alastin; lécher
alav; ustensile, instrument
alay; régiment
albûm; album
alerjî; allergie
alerjîk; allergique
alfabetîk; alphabétique
algorîtma; algorithme
alî; sens, côté
alî(karî); aide, secours
alî(karî) kirin; supporter, aider
alîdar; supporter
alîgirî; soutien
alînegir; impartial
alînegirî; impartialité, neutralité
alkol; alcool
alkolîk; alcoolique
alkolîzm; alcoolisme
alman; allemand
Almanya; Allemagne
aloz; tumultueux
alozandin; compliquer
alozî; complication
alozokî; compliqué
alternatîf; alternatif
alûce; mirabelle
amade; disposé, prêt
amade kirin; préparer
amadehî, amadekirin; préparation

amazon; amazone
ambalaj; emballage
ambargo; embargo
amblem; emblème
ambûlans; ambulance
amede; disponible
amedebûn; disponibilité
Amerîka; Amérique
amerîkayî; américain
amfîşano; amphithéâtre
amojkarî; pédagogie
ampîrîk; empirique
ampûl; ampoule
amraz; outil, instrument
an; ou
an (na); autrement
an jî; sinon
analîst; analyste
analîz; analyse
analîzker; analyste
analojî; analogie
ananas; ananas
anarşîst; anarchiste
anatomî; anatomie
anatomîk; anatomique
anestezî; anesthésie
angişandin; affirmer
anglosakson; anglo-saxon
ango; c'est-à-dire, autrement
anîbîr; aide-mémoire
anket; enquête
anonîm; anonyme
anons; annonce
anormal; anormal
ansîklopedî; encyclopédie
ansîklopedîk; encyclopédique
antên; antenne
antîbiyotîk; antibiotique

antîk; antique
antînomî; antinomie
antîpatî; antipathie
antîpatîk; antipathique
antreman; entraînement
antrenor; entraîneur
antropolog; anthropologue
antropolojî; anthropologie
ap; oncle paternel
apo; tonton
aqil; raison
aqilane; sagement, intelligemment, raisonnablement
aqildar; sage
aqilkêm; idiot, imbécile, bête
aqilkêmî; bêtise, imbécillité
aqilmendî; sagesse
aqilser; lucide
aqilserane; lucidement
aqilserî; lucidité
aqilsivik; simplet
ar; feu
arajman; arrangement
aram; serein, tranquille
arambûyî; reposé
aramdar, aramîdar; reposant, calmant
araq; raki
ard; farine
argûn; cheminée
argûr; flambeau
arî; cendre
arîdank; cendrier
arîstokrasî; aristocratie
arîstokrat; aristocrate
arîtmetîk; arithmétique
arîze; panne
arkaîk; archaïque
arkeolog; archéologue
arkeolojî; archéologie

armanc; but
arşîv; archive
arşîvkirin; archivage
artêş; armée
artêşparêz; militariste
artêşparêzî; militarisme
artîst; artiste
artîstîk; artistique
arûng; abricot
arvan; farine
asan; facile
asanî; facilité
asansor; ascenseur
asayî; ordinaire
asayîtî; convenance, normalité
asenkron; asynchrone
aseptîk; aseptique
asê; dur
asêgeh; fortification
asfalt; asphalte
asfaltkirî; goudronné
asîman; ciel
asîmetrî; asymétrie
asîmîlasyon; assimilation
asîmîle; assimilé
asîw; cataclysme
aspirator; aspirateur
aspirîn; aspirine
asraq; plafond
ast; niveau
astar; doublure
asteng; digue, entrave, obstacle, barrière
asteng kirin; bloquer, empêcher, contraindre
astengîn; éprouvant
astrolog; astrologue
astrolojî; astrologie
astronom; astronome
astronomî; astronomie

astronot; astronaute
asyayî; asiatique
aş; moulin
aş kirin; rassurer
aşartin; avouer
aşik; estomac
aşkerayî; évidence
aşpêj; cuisinier
aştiyane; paisiblement
aştîperwer; pacifique, pacifiste
aştîperwerî; pacifisme
aştîsaz; pacificateur
aştîsazî; pacification
aştîxwaz; pacifiste, pacifique
aştîxwazane; pacifiquement
aştîxwazî; pacifisme
aşvan; meunier
ateîst; athée
ateîzm; athéisme
atlet; athlète
atletîzm; athlétisme
atmosfer; atmosphère
atolye; atelier
atom; atome
av; eau
av dan; arroser
ava kirin; bâtir, construire
avabûn; construction
avadar; constructeur
avahî; édifice, immeuble, construction, bâtiment
avahîker; constructeur
avahîsaz; architecte
avahîsazî; architecture
avaker; fondateur
avans; avance
avceh; bière
avdan; arrosage
avdanî; irrigation

avdank; arrosoir, récipient
avdarî; arrosage, irrigation
avdayî; arrosé
avdest; ablution
avdestxane; wc
avdev; salive
avdêr; arroseur
avêtin; jet, jeter, lancer
avger; remous
avik; sperme
avis; gestation
avî; aqueux, arrosé, irrigué
avîn; liquide
avînî; liquidité
avjeh; fontaine
avjenî; nage
avjenî kirin; nager
avlîmon; citronnade
avnûsk; encre
avpijên; pulvérisateur
avrêl; avril
avşûtik; bave
avtirş; vinaigre
awa; cas, situation, forme, manière
awarte; exception
awarteyî; exceptionnel
awayî; manière, façon
awaz; chant, voix
awazdanêr; compositeur
awazdanîn; composition
awazî; mélodieux
awazsazî; composition
awir; regard
ax; sol
axa; seigneur
axaftin; conversation, converser, causer, parler
axirê; finalement
axirpel; archipel

axîn; soupir
axur; écurie, étable
axûdar; toxique
axûdarî; toxicité
azad; libre
azadane; librement
azadî; liberté
azadker; libérateur
azadkirin; libération
azadkirî; libéré
azad kirin; libérer, sauver
azadmend; libéral
azardilî; angoisse
azmûn; épreuve, examen
ba; vent
babet; espèce, sorte
babetî; thématique
babtîs; baptême
bac; impôt, taxe
bacanê sor; tomate
badan; tordre
badayî; tordu
bader; tournevis
badok; direction
bafirok; cerf-volant
bagaj; bagage
bager; tempête, tourbillon, cyclone, tornade
bagerîn; tempétueux
bahane; prétexte
bahoz; orage, tempête
bajar; cité, ville
bajarî; citadin, urbain
bajarok; bourg
bajarvan; urbaniste
bajarvanî; urbanisme
bajen; ventilateur
bajenî; ventilation
bakîre; vierge

bakterî; bactérie
bakur; nord
bal; attention
balafir; avion
balafirgeh; aéroport, aérodrome
balafirhilgir; porte-avion
balafirvan; aviateur
balafirvanî; aviation
balayî; éminence, hauteur
baldar; attentif
balinde; faucon
balîf; coussin, oreiller
balîna; baleine
balkêş; intéressant, surprenant, bizarre, étrange, étonnant
balkon; balcon
balon; ballon
balrakêşî; séduction
balte; hache
balûpal; vaste
balyozxane; ambassade
bamiye; bamia
ban kirin; appeler
band; scotch
bandor; effet, influence
bang; appel, cri
bang kirin; crier, appeler
bangewazî; appel, avis
banî; toit
banîn; s'habituer
bank; banque
banliyo; banlieue
banyo; baignoire
bapêş; rhume
bapîr; grand-père
baq; bouquet, touffe
bar; bar, fardeau, bagage, cargaison
bar danîn; décharger

baraj; barrage
baran; pluie
barandar; pluvieux
baranî; pluvial
baranpîv; pluviomètre
barbar; barbare
barbarî; barbarie
baregeh; gîte
bargiran; surchargé
bargiranî; charge, fardeau
bargîn; réservoir
barkêş; charrette
barkirin; chargement
barmen; barman
baro; barreau
barometre; baromètre
bask; aile
basket; basket
bastannas; archéologue
bastannasî; archéologie
baş; bien, bon
baş bûn; guérir
başbûn; guérison
baş e ku; heureusement
başî; bonté
başîxwaz; bienveillant
başîxwazî; bienveillance
baştir; mieux, meilleur
başûr; sud
başûrê rojava; sud-est
başûrê rojhilat; sud-ouest
bav; père
bavane; paternel
bavbapîr; arrière-grand-père
bavkujî; parricide
bavmarî; parâtre
bavo; papa
bawer; croyant, confiant

bawerandin; convaincre
bawerî; foi, croyance, confiance, conviction
bawerî dayîn; rassurer
bawerker; convaincant
bawermend; croyant
bawermendî; croyance
baweşên; ventilateur
baweşênî; ventilation
baweşîng; ventilateur
bawişk; bâillement
bawişkîn; bâiller
bawul; valise
bax; verger, jardin
bax(ç)evan; jardinier
bazar; bazar, marché, souk
bazardar; négociant
bazargerî; commercialisation
bazarvanî; commerce
bazdan; course, courir
bazin; bracelet
bazirgan; marchand
bazirganiya derve; commerce extérieur
bazirganî; commerce
bedbext; malchanceux, infortune
bedbextî; malheur
bedew; beau, joli
bedewî; beauté
bedêlandin; échange, échanger
behîn; bondir
behîv; amande
behr; mer
bejn; taille
bejnzirav; mince
bejnziravî; minceur
belam; mais
belaş; gratuit
belav kirin; distribuer
belavkirin; distribution

belavok; brochure
Belçîka; Belgique
belçîkî; belge
belengaz; pauvre
belengazî; pauvreté
belê; oui
belêna; dilemme
belge; acte, document
belkî; peut-être
belqoç; roulade
belqoç bûn; rouler
ben; ficelle, corde
bend; barrage, digue, obstacle, barrière
bend kirin; interdire
bendik; bretelles
bendname; acte
beng; amour
bengiyane; amoureusement
bengî; amoureux
benik; ficelle, fil
beq; grenouille
ber; front, devant
bera; réel, vraiment
beran; bélier adulte
beranek; pouce
berawird kirin; comparer
beraz; cochon, porc
berbend kirin; empêcher
berber; coiffeur
berbest; barrière, entrave
berbest kirin; bloquer
berbijar; candidat
berbisk; barrette
berçav; apparent
berçavk; lunettes
berçavkên tavê; lunettes de soleil
berdan; laisser, lâcher
berdarîtî; productivité

berdem; transitoire
berdest; capture
berdewam; continuel
berdewam kirin; continuer
berdewamî; continuellement
berdêl; échange
berdêl kirin; échanger
berdilk; bavoir
beredayî; futilité
berendam; candidat
berendametî; candidature
berevajî; envers
berevanî; défense
berê; jadis, avant, auparavant, autrefois
berf; neige
berf barîn; neiger
berfanbar; décembre
berfdar; neigeux
berfende; avalanche
berfgirtî; enneigé
berfireh; vaste
berfireh kirin; étendre, approfondir
berfirehkirin; élargissement, approfindissement
berg; vêtement
bergeh; vue
bergirî; précaution
berhemdar; productif
berhemdarî; productivité
berhemdêr; producteur
berhev kirin; recueillir, réunir
beris; calcul
berisandin; calculer
berî; avant, plaine, poche
berkar; serveur
berketin; chagrin, inquiétude
berketî; triste
berkeya; sous-intendant
berkêşan; production

berkêşk; tiroir
berlêker; préverbe
bername; émission, programme
bernamenivîs; programmateur
beroş; casserole, cocotte
berpêş kirin; présenter
berpêşkirin; présentation
berpirsiyarî; responsabilité
berpirsyar; responsable
bersiv; réponse
bersiv dan, bersivandin; répondre
berstû; col
berşîr; nourrisson
bertek; réaction
bertekî; réflexe
berû; chêne
berwext; transitoire, prématurément
berx; agneau
berxik; agnelet
berxwedan; résistance
berxwedankar; résistant
berxwedar; heureux
berxwedarî; bonheur
berz; élevé, haut
berz kirin; agrandir
berzbûn; élévation, hausse
berzî; éminence, hauteur
bestekar; compositeur
bestekarî; composition
bestenî; glace
beş; branche, section, partie
beşdar; participant
beşdar bûn; participer
betalkirin; annulation
betilandin; fatiguer
betilî; fatigué, las
betilîn; épuisement, fatigue
beton; béton

betonkirî; cimenté
bexçe; jardin
bexçenêr; jardinier
bexçeyê fêkiyan; verger
bexdenûs; persil
bexşandin; pardonner , excuser
bexşîş; bakchich, pourboire
bextciwan; fortuné
bextewar; heureux
bextewarî; bonheur, prospérité
bextêreş; déveine
bextiyar; comblé
bextreş; infortuné, malchanceux
bextreşî; malheur, malchance, infortune, déveine
bextyar; chanceux, veinard
beyanî; matin, matinée
beytar; vétérinaire
bez; course, graisse
bezîn; courir
bezok; coureur
bê; sans
bêadan; infécond
bêalî; impartial, neutre
bêalîtî; impartialité, neutralité
bêaqil; stupide, con
bêaqilî; sottise
bêar; insolent
bêav; sec
bêbav; bâtard
bêbawerî; incrédulité, incroyance
bêbereket; infécond
bêbereketî; improductivité, stérilité
bêbext; déloyal
bêbextî; déloyauté, calomnie
bêcan; inanimé, inerte
bêçav; aveugle
bêçek; désarmé
bêçekî; désarmement

bêdad; injuste
bêdadî; injustice
bêdawîtî; éternité
bêdem; prématurément
bêdeng; silencieux
bêdengî; calme, silence
bêderman; incurable, inguérissable
bêdest; manchot
bêdisiplînî; indiscipline
bêdroş; seau
bêedalet; inique
bêedeb; insolent, impoli
bêedebî; insolence, impolitesse
bêexlaq; immoral
bêexlaqî; immoralité
bêêşkirin; anesthésie
bêfedî; insolent, éhonté
bêfesal; laid
bêfesalî; laideur
bêgan; inanimé
bêgiramî; impudence
bêguman; sûr, certain
bêgumanî; certitude
bêguneh; innocent
bêgunehî; innocence
bêhal; épuisé
bêhalî; épuisement
bêhestî; insensibilité
bêheş; imbécile, stupide
bêhêl; impartial, neutre
bêhêlî; neutralité, impartialité
bêhêvî; désespéré
bêhêvîtî; désespérance, désespoir
bêhêz; faible, impuissant
bêhêzî; déficience, faiblesse
bêhisî; insensibilité
bêhn; odeur, respiration
bêhn girtin; respirer

bêhn ketin; pourrir
bêhna xwe dan, bêhna xwe vedan; se reposer, respirer
bêhnefişk; respiration
bêhnfirehî; patiemment
bêhnijîn; bâiller
bêhnok; virgule
bêhnteng; énervé
bêhntengî; nervosité
bêhnvedan; pause, récréation
bêhtir; plutôt
bêje; mot
bêkarî; chômage
bêlebat; inerte
bêliv; inerte
bêmil; manchot
bêmîkrob; aseptique
bênezaket; impoli
bênezaketî; impolitesse
bênijîn; éternuer
bêr(ik); pelle
bêrawest; continuellement
bêrêtî; déloyauté
bêrêz; impudent
bêrêzî; impudence, insolence
bêrêzkarî; indiscipline
bêrîvan; trayeuse
bêrû; éhonté
bêrûmet; déshonneur, insignifiant
bêrûmetî; insignifiance, déshonorant
bêsebir; impatient
bêsebirî; impatience
bêser; décapité
bêserûbin; vaste
bêserûbinî; éternité
bêsiûdî; déveine
bêsîmetrî; asymétrie
bêş; contribution
bêşans; malchanceux

bêşansî; malchance, infortune
bêşegeh; usine
bêşerefî; déshonneur, infamie
bêşerm; insolent
bêşifa; incurable, inguérissable
bêşik; sûr, certain
bêşikî; évidence
bêşiyan; impuissant
bêtahm; fade
bêtebat; impatient
bêtebatî; impatience
bêtedbîr; imprévoyant
bêtedbîrî; imprévoyance
bêteraz; déséquilibré
bêterbiye; impudent
bêterbiyetî; impudence, insolence
bêteşe; laid
bêteşeyî; laideur
bêtir; davantage
bêvil; narine, nez
bêvilbilind; hautain, dédaigneux
bêvilî; nasal
bêwate; insignifiant
bêwateyî; insignifiance
bêwext; prématurément
bêxêr; déloyal
bêxwedîtî; délaissement
bêyî; sans
bêzar; las
bêzarî; lassitude, mutisme
bêzeptûreptî; indiscipline
bêzimanî; mutisme
bi; avec
bi aşkerayî; clairement
bi bîr xistin; rappeler
bi cidî; sérieusement
bi cîh bûn; camper
bi cîh hiştin; quitter

bi cîh kirin; asseoir, poser
bi çek kirin; armer
bi dawî kirin; accomplir, conclure
bi dest xistin; obtenir
bi dilxweşî; volontiers
bi girîngî; sérieusement
bi hev re; conjointement
bi kar anîn; utiliser
bi kêfxweşî; volontiers
bi kurtahî, bi kurtasî, bi kurtî; brièvement, succinctement
bi lez; pressé, rapide
bi lêv kirin; prononcer
bi nermî; doucement
bi rastî; véritablement, vraiment
bi rê kirin; envoyer
bi rê ve çûn; marcher
bi sîleh kirin; armer
bi şûn de; après
bi taybetî; particulièrement, surtout
bi tundî; brutalement
bi xwe re kaş kirin; traîner
bi zanatî; lucidement
bi zehmetî; durement, rudement
bi zorê; rudement, durement
biaqil; intelligent
biav; aqueux, juteux
bibiryar; décisif
bicihbûn; établissement
biçûcik; infime
biçûk; petit
biçûkahî; enfance
bidil; consentant
bidilî; consentement, enthousiasme, engouement
bidîqat; attentif
bidom; continuel
biedaletî; équité
biedeb; poli

biewr; nuages, nébulosité
bigiştî; généralité
bigoşe; angulaire
biha; coût, valeur
bihadarî; cherté
bihar; printemps
biharat; épice
biharî; printanier
bihayî; prix
bihemdî; préméditation
bihevketin; querelle, dispute
bihewaketin; envol
bihezm; amusant
bihêrs; coléreux, énervé
bihêz; fort
bihîstin; entendre
bihurî; passé, dépassé
bihurîn; dépasser, passer
bihuşt; paradis
biîstiqrar; stable
bij; appétit
bijang; cil
bijare, bijarte; distingué, sélectif
bijartin; choisir, élire, trier
bijartî; élu
bijîşk; médecin, docteur
bijîşkî; médical
bijîşkzanî; médecine
bikaranîn; utilisation, usage, emploi
biken; rieur
bikeyskirin; arrangement
bikêfî; gaieté
bikêr; capable
bikêrhatin; usage
bikêrhatî; utile
bilanî; subjonctif
bilez; urgent
bilezî; hâtivement

bilêt; billet
bilêtfiroş; guichetier
bilêvkirin; prononciation
bilik; zizi
bilind; élevé, haut
bilind kirin; élever, hisser, hausser
bilindayî; hauteur
bilindbûn; élévation, hausse
bilindî; éminence
bilî; sauf, hors
bimerc; conditionnel
bimû; poilu
bin; dessous, fond, inférieur, bas
binamûs; honorable, honnête
binamûsî; honorabilité
binavkirin; dénomination
binavkirî; défini, nommé
binax kirin; enterrer
binaxkirin; enterrement
binaxkirî; enterré
binbarî; charge, obligation
bincil; sous-vêtement
binçeng; aisselle
bindarî; sujétion
bindestî; servitude, sujétion
bingeh; fondation
bingehî; fondamental
binik; soucoupe
binketin; défaite
binkiras; jupon
binsol; semelle
binyad; principal
binyadî; principalement
binyadîn; fondamental
binzik; bas-ventre
bipaye; honoré
bipêşdîtin; imprévoyance
bipirç, bipûrt; poilu

biqunc; angulaire
bira; frère
birajin; belle-sœur
birakuj(î); fratricide
biraştî; rôti
biratî; fraternité
biraxweyîtî; consanguinité
birayane; fraternellement
birc; forteresse, château
birçî; faim, affamé
bireh; enraciné
birehmî; pitié
birepîn; tumultueux
birêketin; départ
birêkûpêkkirin; arrangement
birêvebirin; exécutif
birin; emmener, emporter
birinc; riz
biriqîn; briller, scintiller
birî; sourcil
birîn; plaie, couper
birîndar; blessé
birînsazî; chirurgie
birrekxane; scierie
birrîn; coupure, coupe
birsî; faim
birû; sourcil
birûmet; précieux, honorable
birûn; gras
biryar; décision
biryardan; résolution
biryardar; décisif
biryarname; décret
biserketin; réussite
bisimbêl; moustachu
bisîklêt; bicyclette, vélo
bisk; boucle
bişaftî; assimilé

bişavtin; assimilation
bişewat; brûlant
bişkoj; bouton
bişkoj kirin; boutonner
bişkok; bouton
bişkul; crotte
bitepîn; tumultueux
biteraz; équilibré
bivir; hache
bixirecir; tumultueux
bixîret; honorable
biya; selon
biyan; étrange
biyanî; étranger
biyekbûn; intégration
biyolojî; biologie
bizav; mouvement
bizdandin; intimidation, intimider, effrayer
bizdandî, bizdiyayî; effrayé, intimidé
bizdîn; craindre
bizdok; craintif
bizêr; doré
bizin; chèvre
bizmar; clou
bizmar kirin; clouer
bî; veuf
bîberon; biberon
bîbliyografî; bibliographie
bîder; céréale
bîlye; bille, boule
bîme; assurance
bîna; immeuble
bîolojîk; biologique
bîr; mémoire, puits
bîra; bière
bîranîn; souvenir, réminiscence
bîranînî; mémorial
bîrawer; inoubliable, mémorable

bîrdozger; idéologue
bîrhat; réminiscence
bîrjiyan; mémorable, oublieux
bîrname; mémorial, mémoires
bîskuwît; biscuit
bîst; vingt
bîst û yek; vingt et un
bîstemîn; vingtième
bîşe; buisson
boç(ik); queue
boks; boxe
bokser; boxeur
bolşevîk; bolchévik
bolşevîkî; bolchévisme
bombe; bombe
bombebaran; bombardement
borandin; excuser, pardonner
borangeh; pigeonnier
borî; passé, tuyau
borîn; dépasser, passer
borsa; bourse
bot; botte
boyax; peinture
boyax kirin; peindre
boykot; boycott
boz; gris
branş; branche
brîfîng; briefing
bronşît; bronchite
brotanî; breton
brûsk; éclair, foudre, tonnerre
brûskawer; foudroyant
budçe; budget
buhabûn; coût
buhayî; cherté
buro; bureau
burokrasî; bureaucratie
burokrat; bureaucrate

buxik; insecte
bûdîst; bouddhiste
bûdîzm; bouddhisme
bûk; belle-fille, bru
bûkabaranê; arc-en-ciel
bûkik; poupée
bûlvar; boulevard
bûn; devenir, être
bûn sedem; causer
bûrîn; meugler
bûrjûwa; bourgeois
bûrjûwazî; bourgeoisie
bûşelan; bois
bûtîk; boutique
bûyer; événement
bûyîn; naissance, naître
cakêt; jaquette, veste
cam; vitre
camêr; généreux
camêrî; générosité, bravoure
can; âme
canecan; sincère
canî; poulain, ânon
car; fois
car caran; quelquefois, parfois
car kirin; multiplier
caran; auparavant
carandin; multiplication, multiplier
carinan; quelquefois, parfois
carkirin; multiplication
carûd; pelle à poussière
cebilxane; munition
ceh; orge
cehenem; géhenne
cehenemî; infernal
cehnî; poulain
cejn; cérémonie
cemed; glaçon, verglas

cemidandin; refroidir
cemidî; froid
cemidîn; geler
cenaze; cadavre
cendirme; gendarme
cenet; paradis
cer kirin; visser
cerdevan; bandit, brigand
cerdevanî; banditisme, brigandage
cerg; foie
cerge; cercle
ceribandin; essayer, tenter
cesaret; courage
cesed; corps
cewahir; bijou
ceyran; courant, électricité
ceza; punition, peine
ceza kirin; condamner, punir
cezayê diravî; amende
cezayî; pénal
cêr; cruche
cêwî(k); jumeau
cidî; grave, sérieux
cih; endroit, place
cihan; monde
cihanî; mondial
cihê; différent, distinct
cihê kirin; séparer
cihêkirin; différenciation, séparation
cihêtî; différence
cihnîş; boussole, compas
cihû; juif
cil; habit, vêtement
cil li yekî kirin; habiller
cilşo; lave-linge
cilşok; buanderie, lavoir
cilûberg; vêtement
cimandin; agiter

cinayet; meurtre
ciniqandin; éclabousser
cins; espèce, sorte
cinsî; sexuel
cirdon; rat
civak; société
civandin; rassembler, recueillir, assembler, réunir, grouper
civîn; réunion, séance
ciwanî; jeunesse
ciwanmêr; gentleman
ciwanmêrî; bravoure
cixare; cigarette
cixare kişandin; fumer
cixarekêş; fumeur
cîdîtî; gravité
cîgir; suppléant
cîh; emplacement, lieu
cîhan; univers
cîhanî; universel
cînar; voisin
cînavk; pronom
cîran; voisin
cîranî; voisinage
cîwar bûn; camper
cok; canal
cot; charrue, paire
cotkar; laboureur
cotkirî; labouré
cotmeh; octobre
coxrafya; géographie
cuda; différent, distinct
cudahî; différence
cudakirin; différenciation
cure; forme, sorte
cuzdan; portefeuille, porte-monnaie
cûcik; zizi
cûdatî; différence

cûre; genre, espèce
cûtin; mâcher, mastiquer
çak; bien
çaksazî; réforme
çal; creux, cave
çalak; actif, prompt
çalakî; activité, promptitude
çalaksaz; activiste
çalaksazî; activisme
çand; culture
çandin; cultiver, planter, semer
çandinî; agricole
çandî; culturel
çap; édition
çap kirin, çapandin; imprimer, éditer
çapdêr, çapemend; imprimeur, éditeur
çaper; imprimante
çapîk; panier
çapker; éditeur, imprimeur
çapraz; croisé
çapxane; imprimerie
çaq; jambe
çar; quatre
çarber; quadruple
çarçove; cadre, cadran, encadrement
çardar; brancard
çardeh; quatorze
çardemîn; quatorzième
çaremîn; quatrième
çareser kirin; régler, résoudre
çareserî; solution
çargav; galop
çargoşe; quadrilatère
çarîk; quart
çarrê; carrefour
çarşem; mercredi
çarşev; drap
çartêlk; fourchette

çartil; râteau
çaryek; quart
çav; œil, yeux
çav tirsandin; apeurer
çavbend; bandeau
çavbirçî; avide, cupide
çavbirçîtî; avidité, cupidité
çavdêr; observateur
çavdêrî; inspection, supervision
çavik; case, coffret
çavkanî; fontaine, source, origine
çavlidest; dépendant
çavnêr; observateur
çavpêketî; remarquable
çavsor; cruel, brutal
çavsorî; cruauté, brutalité
çavteng; pingre, avare
çavtengî; mesquinerie, avarice
çavtirsandin; intimidation
çawa; comment
çax; époque, temps
çay; thé
çaydank; théière
çek; arme
çekbaz; armé
çekbend; gilet
çekdanîn; armistice
çekdar; armé, guerrier
çekfiroşgeh; armurerie
çeksaz; armurier
çelefîk; mâchoire
çeleng; élégant
çelengane; élégamment
çelengî; élégance
çeliqandin; agiter
çelpandin; claquer
çelqandin; rincer
çem; rivière

çembil; tige
çemî; fluvial
çend(ik); quelque(s)
çendemî; transitoire
çendî; tant
çendîn; tant
çene; mâchoire, menton
çengal; crochet
çente; cartable, sac
çep; gauche
çepik lêdan; applaudir
çeprast; croisé
çeqel; chacal
çerixîn; tourner
çerm; cuir, peau
çerx; cercle, roue
çetel; fourchette
çewisandî; oppressé
çewt; erroné, faux
çewtî; erreur, faute
çêbûn; réalisation
çêbûyî; accompli
çêçik; poussin
çêkirin; réparer, accomplir
çêlek; vache
çêr; injure, insulte
çêrîn; paître
çêt; coquelet
çêtir; mieux, meilleur
çi; aucun, quoi
çiçik; mamelle, sein
çikûs; pingre, avare
çikûsî; mesquinerie, avarice
çil; quarante
çile; janvier
çilemîn; quarantième
çilmisî; pâle
çilo; comment

çiloyî; averse
çilûz; avare
çilûzî; avarice
çima; pourquoi
çindik; saut
çingîn; sonner
çinîn; moisson, récolte, récolter
çiqas; quantité
çiqasî; combien
çira; lampe
çirandin; déchirer
çirax; flambeau
çirik; canalisation, gouttière
çirisîn; étinceler, éclater
çiro; bourgeon
çirsok; splendide
çirûsîn; briller, étinceler, éclater, scintiller
çirûsk; étincelle
çirûskîn; brillant
çitare; toile
çivîk; oiseau
çiya; montagne
çiyager; alpiniste
çîcik; poussin
çîlek; fraise
çîm; jambe
çîmento; ciment
çîp; jambe
çîrok; récit, conte
çoçik; louche
çok; genou
çokolat; chocolat
çol; campagne, désert
çolterî; campagnard
çong; genou
çoqîn; effroi
çov; béquille
çûk; oiseau

çûn; départ, aller
çûn pêşewaziyê; accueillir
çûn serdanê; visiter
çûr; blond
çûyin; départ, aller, partir
da ku; pour...que
dabeş; section
dabiristandin; classer
daçek; préposition
dadan; fermer
dadgeh; tribunal
dadgeh kirin; juger
dadger; juge
dadiyane; équitablement
dadmend; arbitre
dadmendî; juridique
dadwer; juge
dagerandin; renvoyer
dagir kirin; envahir
dagirî; invasion
dagirker; conquérant, occupant
dagirkerî; invasion, conquête
dagirkirî; conquis, invahi
dagirtin; charger, remplir
dahat; revenu
dahatin; atterrir
dahatû; futur
dahênan; invention
dahênandin; inventer
dahûrîn; analyse
dahûrîner; analyste
daketin; baisse, baisser, atterrir
daleqandin; accrocher, pendre
damar; veine
damezirandin; construire
damezirîner; fondateur
dan; donner
dan ber hev; comparer

dan hev; grouper
danasîn; présentation, présenter
danezan; notification
danezanî; avis
danîn; poser, baisser, déposer
danîşan; séance
danîşandin; asseoir
dantêl; dentelle
danûstandin; achat
dapîr; grand-mère
daqultandin, daqurtandin; avaler
dar; bois, arbre
daraz dan; condamner
darbest; brancard, cercueil
darçeng; béquille
darhejîr; figuier
daristan; forêt
daristanî; boisé, forestier
darizandin; juger
darsêv; pommier
dartraş; menuisier
das; faucille
daşik; ânon, bourricot
davek; ceinture
daw; jupe
daweşîn; secouer
dawet kirin; inviter
dawetiye; invitation
dawetî; invité
dawetname; faire-part
dawiya heftê; week-end
dawî; dernier, finale
daxistin; réduction
daxuyakirin; détermination
daxuyanî; déclaration, avis, manifeste
daxwaz; désir, envie, demande
daxwaz kirin; souhaiter
daxwazname; pétition

dayik; mère
dayikane; maternellement
dayikî; maternel
dayîn; donner
dazanîn; déclarer
debar; subsistance, provision
debr; moisson, récolte
debrîyaj; débrayage
dedektîf; détective
def; tambour
defin; enterrement
defin kirin, definandin; enterrer
definkirî; enterré
defter; cahier
deh; dix
dehemîn; dixième
dehf dan; pousser
dehsal; décennie
dehsalî; décennal
dek; ruse
dekbaz; rusé
dekor; décor
dekorasyon; décoration
delal; aimé, beau
delalî; bien-aimé
delegasyon; délégation
delege; délégué
delfîn; dauphin
delîl; preuve
dem; époque, temps
dema; lors
dema ku; lorsque
demagog; démagogue
demagojî; démagogie
deman; location
deman kirin; louer
demborî; dépassé, obsolète
demekî; transitoire, autrefois

demî; momentané
demjimêr; heure
demograf; démographe
demografî; démographie
demokrasî; démocratie
demokrat; démocrate
demsal; saison
deng; son, bruit, voix, vote
deng dan, deng dayîn; voter
dengbêj; chanteur
dengdan; vote
dengdar; voyelle
dengder; électeur
dengdêr; consonne
dengûbas; nouvelles
dengvedan; résonance
depo; réservoir, dépôt, entrepôt
deq; point, tatouage
der; dehors, extérieur, hors, emplacement
derav; rive
derbas bûn; passer, traverser
derbas kirin; dépasser
derbasbûn; traversée
derbasbûyî; dépassé
derbe; coup
derbend; cadre
derçûn; sortie, sortir
derdest kirin; capturer
derece; degré
dereçaxî; archaïque
derence; escalier
dereng; tard
derengî; retard
derengî man; retarder
derengker; retardateur
derengketî, derengmayî; tardif
derengmayînî; retardement
derew; mensonge, menterie

derew gotin, derew kirin; mentir
derewçînî; calomnie
derewî; mensonger
dergevan; portier
dergistî; fiancé
dergûş; berceau
dergûşandin; bercer
derhinêr; directeur
derhûd; caution
derî; porte
derketin; sortie, sortir
derkirin; excommunication
derman; médicament, remède
derman kirin; soigner
dermanfiroş; pharmacien
dermankirî; soigné
dermanname; ordonnance
dermanxane; pharmacie
dermatolog; dermatologue
dermatolojî; dermatologie
dernixûn; retourné, renversé
derpê; slip, caleçon
derpêqut; slip
ders; étude, leçon, cours
dersxane; classe
derûber; environnement, cadre
derûdor; cadre, environnement
derve; dehors, extérieur
derveyî; extériorité
derwaze; cage
derwêş; derviche
derya; mer
deryayî; marin, maritime
derzî; piqûre, seringue
desgirtî; fiancé
desîmal; décimal
desîmetre; décimètre
desmal; mouchoir

desmêj; ablution
despot; despote
despotîzm; despotisme
dest; main
dest avêtin; violer
dest dan, dest lê dan; toucher
destan; épopée
destbikar; habile
destdan ser; saisir
destdirêjî kirin; violer
deste; botte
destegir; serviable
destek; perche, support
destekeştî; barque
desteser kirin; saisir
desteserî; saisie
destgiran; lourdaud
destgiranî; lenteur
desthilatdarî; domination
destik; manche, poignée
destî; botte, bouquet
destnimêj; ablution
destnivîs; manuscrit
destpêk; début, commencement
destpêker; débutant
destpêkî; préliminaire
destsist; mou
destsivik; prompt
destûr; autorisation, permission
destûr dan; autoriser
destûra bingehîn; constitution
destxet; manuscrit
deşt; plaine
dev; bouche
dev jê berdan; abandonner
dev(o)kî; oral
devang; couvercle
devbelaşî kirin; bavarder

dever; zone, district
deverî; local
devê ajalan; gueule
devgir; couvercle
devî; buisson
devken; souriant
devok; accent
dewar; bovin
dewe; chameau
dewisîn; tasser
dewişandin; découper
dewl; seau
dewlemend; fortuné
dewlet; état
dewletgîr, dewletperest; étatiste
dewr; période
dews; emplacement, place
dexes; envieux
dexesî; jalousie
dexil; céréale
dexîl; tiroir
deyn; dette
deyndar; débiteur
deyndarî; endettement
dezgeh; comptoir
dezî; fil
dê; mère
dê û bav; parent
dêhn; attention
dêhndar; attentif
dêm; joue
dêr; église
dêra biçûk; chapelle
dêran; ruine
di bin…de; au-dessous
di dawiyê de; finalement
di demeke kin de; bientôt
di nav de; parmi

di nêz de; bientôt
di...de; dans
dibe ku; peut-être
dibistan; école
dibistanî; écolier, scolaire
difin; nez
digel; avec
digel vê yekê; cependant
diho, dihu; hier
dij; contre, opposé
dijayetî; opposition, contraste
dijberî; contraste, opposition
dijî; contraire
dijîhev; contradictoire
dijîhevî; contradiction
dijîtî; opposition, antinomie
dijmin; ennemi
dijminane; hostile
dijminatî, dijminwarî; hostilité
dijmîn, dijûn; injure, insulte
dijwar; éprouvant, dur
dijwarî; difficulté, dureté
dikan; boutique
dil; cœur
dil êşandin; vexer
dil hêştin, dil hiştin; fâcher, vexer
dil(ê) (yekî) xweş kirin; vexer
dilaram; tranquille
dilaramî; tranquillité
dilbazî kirin; flirter
dilbêjî; pressentiment, intuition
dilbikul; douloureux
dilcoş; enthousiaste
dilcoşî; engouement, enthousiasme
dildan; aimer
dildar; amoureux, aimé
dildarane; amoureusement
dilfireh; confortable, reposé

dilfirehî; sérénité, confort
dilgerm; sympathique
dilgeş; gai, joyeux
dilgeşî; engouement, enthousiasme
dilgir; déçu
dilî; cardiaque
dilketî; amoureux
dilkevirî; insensibilité
dilkêşî; séduction, charme
dilmayî; déçu, fâché
dilnas; cardiologue
dilniwazî; séduction, charme
dilop; goutte
dilopandin; égoutter
dilovan; tendre
dilrehmî; compassion
dilsoz; fidèle
dilşa(d); joyeux
dilşewatî; pitié
dilşikestî; déçu
dilşikestîbûn; déception
dilteng kirin; ennuyer
diltengbûn; ennui
diltengbûyî; ennuyé
diltengî; angoisse, ennuyé
dilxwaz; désir
dilxwestin; désirer
dilxweş; joyeux, content, ravi
dimil(k)î; zaza
din; autre
dinya; monde
dinyanedî; impoli
dinyanedîtî; impolitesse
diqdiqandin; chatouiller
diran; dent
diransaz; dentiste
diravguherî; change
diravname; budget

direfşgir; porte-drapeau
direksiyon; direction
direwş; étendard
dirêj; long
dirêj kirin; allonger
dirêjahî; grandeur, longueur
dirî; épine
dirust; honnête, vrai
dirustî; droiture, honnêteté
dirûn; coudre
dirûnkar; couturier
dirûtin; couture
dirûtî; cousu
dirûv; forme
dirûv pêketin; ressembler
dirûvandin; assimilation
dirûvîn; ressembler
dirûvtî; similitude
disiplîn; discipline
diviyatî; obligation
diyabet; diabète
diyalog; dialogue
diyar; visible, clair
diyar kirin; préciser
diyarî; cadeau, clarté
diyarkirin; détermination
diz; voleur
dizî; secret, vol
dizîn; voler
dîdaktîk; didactique
dîdarî; interview
dîk; coq
dîksiyon; diction
dîktator; dictateur
dîl; captif
dîl girtin; capturer
dîlan; danse folklorique
dîlan girtin; danser

dîlberî; séduction, charme
dîlema; dilemme
dîmen; image, vue
dîn; fou, religion
dînamît; dynamite
dînamîzm; dynamisme
dîndar, dînî; religieux
dînîtî; folie
dîploma; diplome
dîploma lîsê; baccalauréat
dîplomasî; diplomatie
dîplomat; diplomate
dîplomatîk; diplomatique
dîrekt; direct
dîrektîv; instruction, directive
dîrok; date, histoire
dîrokbêj; narrateur, conteur
dîrokî; historique
dîroknas; historien
dîsa jî; pourtant, tout de même
dîsgotin; refrain
dîsk; disque
dîtin; vue, voir, trouver
dîtir; autre
dîtiyarî; spectacle
dîwar; mur
dîwarsaz; maçon
dîwarsazî; maçonnerie
do(h); hier
dojeh; enfer, géhenne
dojehî; infernal
doktor; médecin, docteur
doktora; doctorat
doktorî; médecine
dokuman; document
dolab; armoire
dolmik; courgette
domdar; continuel

domdarî; perpétuité
domîn; continuer
domîno; domino
don; graisse
doqik; épingle
dor lê girtin; entourer
dorfireh kirin; approfondir
dorîn; périphérique
dorpêç kirin; entourer
dostanî; amitié
dosye; dossier
doş bûn; tourner
dotin; traire
dotmam; cousine paternelle
dotxaltî; cousine maternelle
doz; dose, plainte, procès
dozdar; plaignant
dozdarî; plaidoirie, plaidoyer
dozdeh; douze
dozdek; douzaine
dozdemîn; douzième
dozex; géhenne
dozger; procureur
dozîn; découverte
dramatîk; dramatique
dramnivîs; dramaturge
dualî; bilatéral
dualîtî; bilatéralité, dualité
dubare; double
dubare kirin; répéter
dubendî; discorde, désaccord
dublaj; doublage
ducanî; enceinte, grossesse
ducare; réitératif
ducarî; double, répétition
ducarîbûn; redoublement
duhatî; futur
dujinî; bigamie

dumehî; bimestriel
dunik; guillemet
durist; vrai
durû; hypocrite
duserî; bicéphale
dusibe, dusibê; après-demain
duşem; lundi
duyemîn; deuxième, second
dû; fumée
dû (re); après, derrière
dûkel; vapeur
dûmahî; suite
dûpişk; scorpion
dûr; loin, lointain, éloigné
dûrbîn; jumelles
dûring; intervalle
dûrî, dûrîtî; éloignement
dûrketî; éloigné
dûrxistin; éloigner
dûş; douche
dûv; queue
ecêb; intéressant, étonnant, bizarre
ecêbmayî; étonné
ecêbmayîn; étonnement
ecibandin; apprécier
edalet; justice
edet; tradition
edîtor; éditeur
efsane; légende, mythe
efsanewî; légendaire
egîdane; courageusement
egît; brave, courageux
ego; ego
egoîst; égoïste
ekîp; équipe
ekolojî; écologie
ekolojîk; écologique
ekonomîk; économique

ekran; écran
ekstra; extra
elektrîk; électricité, courant
elektronîk; électronique
elok; dinde
em; nous
emr; âge
encam; bilan, résultat
encumen; conseil
endam; membre
endametî; candidature
endazyar; ingénieur
endustrî; industrie
enerjî; énergie
enerjîk; énergique
enfarktûs; infarctus
enfeksiyon; infection
enflasiyon; inflation
enî; front
enîşk; coude
enstîtû; institut
entegrasyon; intégration
enternasyonal; international
erd; terre, terrain, sol
erdaz; ardoise
erdnas; géologue
erdnasî; géologie
erdnîgarî; géographie
erdzanî; géologie
ereb; arabe
erebe; voiture
erebî; arabe
erê; oui
ergonomî; ergonomie
erjeng; terrible
erk; mission
Ermenistan; Arménie
ermenî; arménien

eroîn; héroïne
eroînkêş; héroïnomane
erx; canal
erzanî; soldes
erzên; mâchoire, menton
esmanger; astronaute
esmanî; aérien, céleste
esmannas, esmanzan; astronome
esmannasî, esmanzanî; astronomie
esmer; brun
estetîk; esthétique
eşhedok; index
eşîr; tribu
eşîrî; tribal
eşq; amour
etek; jupe
etîket; étiquette
etnî; ethnie
etnîk; ethnique
ev; ça
evdalî; dévotion
evîn; amour
evîndar; amoureux
evîndarane; amoureusement
ew; il, ils, elle, elles
ewil; avant, d'abord
ewilî; jadis, auparavant
ewlehî; sécurité
ewlekarî; sûreté
ewr; nuage
ewravî, ewrayî; nuageux, nébuleux
ewrereşî; ténèbres
ewtîn; aboyer
ez; moi, je
eza; calvaire
ezman; ciel
ezperest; égoïste
êdî; ne…plus, désormais

êge; lime
êleg; gilet
êre; ici
êriş; assaut, attaque
êrişkarî, êrişkerî; combativité, agressivité
êrîş kirin; attaquer
êş; courbatures, mal
êşar; calvaire
êşdar; douloureux
êşîn; souffrir
êvar; soir, soirée
êvarbaş; bonsoir
êzidî; yézidi
êzing; bûche
fahm kirin; comprendre
faks; fax, télécopie
faktor; facteur
fakulte; faculté
farisî; persan
fasûlye; haricot
faşîst; fasciste
faşîzan; fascisant
fayans; faïence
faz; phase
federal; fédéral
federasyon; fédération
federe; fédéré
fediyok; timide
fedî; honte
felaket; calamité, cataclysme
feliqandin; trancher
felsefe; philosophie
feminîzm; féminisme
femînîst; féministe
fen; ruse
fena; comme
fendar; rusé, malicieux
fenomen; phénomène

feodal; féodal
feodalîzm; féodalisme
feqîrî; misère, indigence
fera; plat
feraset; entendement, esprit
ferheng; dictionnaire
ferîşte; ange
ferman; directive, ordre
ferman kirin; ordonner
fermandar; commandant, chef
fermandarî; commandement
fermî; formel, officiel
ferq kirin; apercevoir
ferzan; savant
ferzîne; absolu
fetilandin; tourner
fetilîn; retourner, rentrer, revenir
fetisandin; étrangler, noyer, étouffer
fetisîn; être étouffé, se noyer
fetlanek, fetlok; virage
fezîletdar; vertueux
fêkî; fruit
fêl; tricherie, ruse
fêl kirin; tricher
fêlbaz; rusé, tricheur
fêm; entendement
fêm kirin; comprendre
fêr; leçon
fêr bûn; apprendre
fêrbûn; apprentissage
fêrgeh; classe
fikar; crainte, inquiétude
fikir; idée, pensée
fikirîn; réfléchir, penser
file; chrétien
filehî; christianisme
filfil; poivre
filitandin; sauver

find; bougie
findiq; noisette
fir; envol
firaq; plat, vaisselle
firaqşo; lave-vaisselle
firavîn; déjeuner
firçe; balai-brosse, brosse
firçok; pinceau
fireh; large, spacieux
fireh kirin; élargir
firehî; largeur
firfirok; cerf-volant
firin; four
firingî; tomate
firîzîn; siffler, siffloter
firmêsk; larme
firnik; narine
firok; avion
firokgeh; aéroport, aérodrome
firoşgeh; magasin
firotan; vente
firotin; vente, vendre, écouler
fis; pet
fis kirin; péter
fistiq; pistache
fişfişok; pulvérisateur
fitrî; inné
fiyet; prix
fîl; éléphant
fîlm; film
fîlmçêker; cinéaste, réalisateur
fîlozofî; philosophie
fîltre; filtre
fîltre kirin; filtrer
fînal; finale
fînalîst; finaliste
fînans; finance
fînansî; financier

fînansman; financement
fîncana qehwê; tasse à café
fîrfîrk; sifflet
fîstan; robe
fîş; fiche
fîtik lêxistin; siffloter
fîtîn; siffler
fîzik; physique
fîzîknas; physicien
fîzyolojî; physiologie
fîzyonomî; physionomie
flaş; flash
flût; flûte
fobî; phobie
folklor; folklore
form; formulaire
forma; format
formalîte; formalité
formasyon; formation
forq; prostituée
forûm; forum
foto; photo, photographie
fotokêş; photographe
fotokopî; photocopie
fraksyon; fraction
Fransa; France
fransî; français
frekans; fréquence
frên; frein
frên kirin; freiner
fûar; foire
fûtbol; football
fûtbolvan; footballeur
ga; bœuf
gakovî; cerf
gal; son
galegal kirin; bavarder
gamêş; buffle

gandêr; prostituée
ganêr; taureau
gangster; gangster
gar; gare
garaj; garage
garan; troupeau
garantî; garantie
gardiyan; gardien
garis; millet, maïs
garson; serveur
gav; pas
gava; lors
gava ku; lorsque
gavan; vacher
gavgavî; occasionnel
gavkî; momentané
gaz; gaz
gaz dan; gazer
gazin(c); reproche, réclamation, plainte
gazin(c) kirin; réclamer, reprocher, se plaindre
gazî; appel, cri
gazî kirin; appeler
gazoz; soda
gede; enfant
gedek; estomac
gef; menace
gefandin; menacer
gefdar, gefok, gefxur; menaçant
geh; site
gehiştî; mature
gel; peuple
gelawêj; août
gelek; abondant, beaucoup
gelemper; général
gelemperî; généralité, commun
gelemşetî; confusion
gelêrî; populaire, anonyme
gemar; malpropreté, saleté

gemarî; poussière, sale
gemarî kirin; salir
gen; gène
gencîne; trésor
gengeşî; dispute
gengeşî kirin; se disputer
genim; blé
genî; croupi, pourri, puant
genî bûn; pourrir
genî kirin; putréfier
gep; joue
gepik; bec
ger; voyage, balade, promenade, randonnée, si
gerandin; promener
gerav; tourbillon
gerden; gorge
gerdenî; collier
gerdûn; univers, monde
gerdûnî; universel, mondial
geremol; confusion
gerguhêz; transitif
gerinende; directeur
gerîlla; guérilla
gerîn; circuler
gerînek; remous
gerînok; tourbillon
germ; chaud
germ kirin; chauffer
germî; température
gerok; itinérant
geşayişt; expansion
geşt; voyage, balade, promenade, randonnée
gewr; blanc, gris
gewrahî; blancheur
gewre; grand
gewz; gai
gez kirin, geztin; mordre
gêj; perplexe, abasourdi

gêjane; étourdiment
gêjbûn; étourdissement
gêjokî; étourdiment
gêr kirin; rouler
gêre; fourmi
gêrş; poutre
gêzer; carotte
gêzik; balai
giha; herbe
gihan; arrivée, arriver, parvenir
gihandin; atteindre, arriver
gihanek; conjonction
gihanekî; conjonctif
gihaştin; arrivée, arriver, atteindre, parvenir
gihaştî; mature
gihîştin; arrivée, arriver
gihîştî; adulte, adolescent, majeur
gijgijandin; secouer
gilêz; bave
gilgil; millet, maïs
gilî; réclamation, plainte
gilî kirin; réclamer
gilîdar, gilîker; plaignant
gilîparêzî; plaidoirie
gir; corpulent
gir bûn; grossir
girambar; considérable, précieux
giramî; respect
giramnegir; impudent
giran; lourd, pesant, lent
giranbiha; coûteux
giranî; lourdeur, poids, lenteur
girarîn; soupière
girav; île
giravî; insulaire
girbûn; croissance
girêdan; attacher
girêk; nœud

girêz; bave
girêz ji dev hatin; baver
girgirok; brouette
girgîn; colère, coléreux
giriftî; complication
girîn; pleurer
girîng; important, grave, sérieux
girîngî; gravité, importance
girs; grand
girse; peuple, masse
girseyî; massif
girsik; poire sauvage
girtin; capture, saisie, fermer, prendre, saisir, attraper
girtiyar; destinataire
girtî; enfermé, fermé, détenu, prisonnier
girtîgeh; geôle, prison
giş; tous, tout
giştî; total, général
giya; herbe
giyan; âme, esprit
gizêr; carotte
gizir; roux
gîşe; guichet
gîtar; guitare
global; global
gog; balle, ballon
golavêj; buteur
golik; veau
gomlek; chemise
gor; tombe
gor kirin; enterrer
gore; chaussette
goristan; cimetière
gorî; selon
gorkirin; enterrement
gorkirî; enterré
goşe; angle
goşedar; angulaire

goşt; chair, viande
goştê beraz; jambon
goştfiroşî; boucherie
gotar; conversation
gotin; dire
gotîk; gothique
gotûbêj; négociation, dialogue
gotyar; conteur
govan; témoin
govek; fossette
govend; danse folklorique
gozek; cheville
gram; gramme
gramer; grammaire
grev; grève
grover; global
guftûgo; négociation, dialogue
guh; oreille
guh dan; écouter
guhar; boucle d'oreille
guhartin; varier, changer
guhastin; transporter, déplacer
guhdan, guhdarî; écoute
guhdarî kirin; écouter
guherandin; évolution, changement, changer
guherîn; changement, évolution
guhêrbar; variable
guhêrok; variable
guhlêbûn; écouter
gul; rose
gulan; mai
gulaş; lutte
gulaş girtin; lutter
guldank; vase
gulfiroş; fleuriste
gulistan; jardin, roseraie
gulle; balle
gulpik; bec

guman; doute
gumanbar; suspect, douteux
gumanî; douteux
gun(ik); testicule
guncan; disponibilité
gund; campagne, village
gundewarî; campagnard, rural
gundî; paysan, villageois
guneh; péché
guneh kirin; pécher
gungil; boucle
gur; loup
gurçik; rein
gurî; chauve
gurîzî; frisson
gustîl; bague, anneau
guvaştin; serrer
gû; excrément, merde
gûlî; natte
gûsk; cadran
gûzek; cheville
gûzîde; distingué
gûzvank; doigtier
hacîlok; cage
hafiza; mémoire
hakîm; juge
halxweş; ravi
hangulîsk; bague
harbûn; rage
hatin; venue, arrivée, venir, arriver
hatinî; revenu
havîn; été
havînî; estival
hay; attention
haydar; averti, informé
haydar kirin; avertir
heb; comprimé, cachet
hebûn; avoir, posséder, exister

hecî; pèlerin
hed; limite
heft; sept
heftane, heftanî; hebdomadaire
heftbare; septuple
hefte; semaine
hcftemîn; septième
hefteyî; hebdomadaire
heftê; soixante-dix
heftêyemîn; soixante dixième
heftreng; multicolore, arc-en-ciel
heftsed; sept cent
hegemonî; hégémonie
heger; si
hej(an); secousse, tremblement
hejandin; secouer
hejar; indigent, pauvre
hejarî; indigence, misère
hejdeh; dix-huit
hejiqîn; se troubler
hejiyan; trembler
hejîn; tremblement, trembler
hejmar; nombre, chiffre
hejmarî; numéral
hejmartin; énumération, compter
hekanî; conditionnel
heke; si
hekem; arbitre
hektar; hectare
helandin; fondre
helanîn; lever
helbest; poème
helbestîn; composer
helbestvan; poète
helisandin; abîmer
helisî; abimé, gâté
helişandin; détruire
helişîn; s'effondrer

helîkopter; hélicoptère
hema; immédiatement
hemam; bain
heman; aussitôt, même
hember; contre
hemberî; en face de, opposition
hem(b)êz; câlin
hem(b)êz kirin; embrasser, câliner
hem(b)êzkirin; accolade, embrassade
hemdengî; consonance
hemdest; complice
hemdestî; complicité
hemgelî; universel
hempa; égal
hempayî; similitude
hempîşe; collègue
hemtawanî; complicité
hemû; tous, tout
hemwate; synonyme
hemwelatî; citoyenneté, compatriote
henar; grenade
henek; farce, plaisanterie
henek kirin; plaisanter
henekbaz; rigolo
henekvan; comédien, malicieux
hengdar; amusant
heqane; équitablement
heqanî; équitable
heqîqet; réalité, vérité
heqîqeten; réellement, vraiment
heqîqî; vrai, véritable
her; chaque
her roj; quotidiennement
herdem; toujours, constamment
herêm; région, zone
herêmî; local
hergav; toujours
herheyî; perpétuité

herîn; aller
herrojî; quotidien
hersal; annuellement
hersalî; annuel
hertim; toujours, constamment
heryek; chacun
hes; intuition, voix
hesab; calcul, compte
hesandin; informer
hesibandin; calculer
hesin; fer
hesindiz; aimant
hesinger, hesinker; forgeron
hesiyan; ressentir
hesp; cheval
hest; sentiment
heste; briquet
hestiyar; fragile
hestî; os
hestkûjî; anesthésie
hesûd; envieux
hesûdî; jalousie
heşirîn; se troubler
heşt; huit
heştane; huitain
heştemîn; quatre vingtième
heştê; quatre-vingt
heta; jusque
hetav; soleil
hetek; éhonté
hetikandî; infamie
hevaheng; mélodieux
heval; ami, camarade, copain
hevaltî; camaraderie, amitié
hevaltî kirin; accompagner
hevbend; lié
hevbendî; connexion
hevbeş; commun

hevbeşî; collectif
hevbîn(î); entretien, interview
hevcivandin; assembler
hevdeh; dix-sept
hevdehemîn; dix-septième
hevdîtin; entretien, interview
hevedudanî; composé
hevîr; pâte
hevîrî; pâteux
hevîrokî; farineux
hevkar; collègue
hevkarî kirin; collaborer
hevkêş; équilibré
hevmane; synonyme
hevok; phrase
hevoksazî; syntaxe
hevpar; commun
hevpeyvîn; interview
hevsaz; cadencé
hevşêwe; similaire
hevşibinî; analogie
hevzik; jumeau
hew; désormais
hewa; air
hewa qirêj kirin; polluer
hewandin; loger
hewayî; aérien
hewce; nécessaire
hewcedar; nécessiteux
hewcedarî; nécessité
hewceyî; besoin
hewisîn; apprendre
hewl; effort
hewş; cour
hewz; piscine
heya; jusque
heyam; époque
heyf; vengeance

heyfgir; vengeur
heyirîman; étonnement
heyirîn; étonner
heyîn; existence
heypeyvîn; reportage
heyv; lune, mois
heyvî; lunaire
heyvok; croissant
heywan; bétail, animal
heywanî; bestial
hez kirin; aimer
hezar; mille
hezaran; millier
hezaremîn; millième
hezîran; juin
hezkirî; aimé
hêdî; lent, doux
hêdî kirin; ralentir
hêdîka; doucement, lentement
hêj; encore
hêja; digne, précieux
hêjar; faible
hêjar kirin; affaiblir
hêjarî; faiblesse
hêjîr; figue
hêk; œuf
hêkanî; ovale
hêkî; tricot
hêl; sens, côté, angle, direction
hêlan; lâcher
hêlekan; balançoire
hêlik; testicule
hêlîn; nid
hênan; amener, apporter
hêncet; prétexte
hênikahî, hênkayî; fraîcheur
hêrandî; broyé, moulu
hêrs; colère

hêrs kirin; fâcher
hêrsbûnî; nervosité
hêrskirin; énerver
hêrsok; énervé
hêsan; facile, simple
hêsanî; facilité
hêsir, hêstir; larme
hêşîn; vert
hêştin; laisser
hêştir; chameau
hêt; cuisse
hêvî; espoir
hêvî kirin; espérer
hêz; force
hêzdar; puissant
hibir; encre
hikumet; gouvernement
hilanîn; enlever
hilanok; ascenseur
hilber; produit
hilberîn; fabrication
hilberîner; producteur
hilbijartin; élection, élire
hilbijêr; électeur
hilbirandin; extermination
hilbûn; hausse
hilçan; tri
hildan; soulever, lever, enlever, hisser, élever
hilgirtin; porter
hilkişandin; hisser
hilm; vapeur
hilpekandin; élancer
hilweşandin; destruction, abattre, démolir, détruire
hilweşîn; s'effondrer
hin; quelque(s)
hinar; grenade
hinarik; joue
hinde car; parfois

hindik; peu, moins
hindik bûn; être insuffisant
hindik kirin; diminuer
hindikbûn; diminution, insuiffisance
hindistanî; indien
Hindîstan; Inde
hingiv; miel
hingivîn; mielleux
hiqûqî; juridique
hiqûqnas, hiqûqzan; juriste
hirç; ours
hirî; laine
hirmegurm; bruit
hirmî; poire
his kirin; sentir, ressentir
hisîn; ressentir
histirî; épine
histû; cou
histûr; épais
hiş; chut, esprit, mémoire
hiş bûn; se taire
hişdarî; avertissement
hişk; sec, dur, ferme
hişk kirin; sécher
hişkane; durement
hişkayî; sécheresse
hişkbûn; assèchement
hişkbûyî; séché, desséché
hişkî; sécheresse
hişsivik; sot, idiot
hiştin; céder, lâcher
hişyar; éveillé, réveillé, lucide, averti
hişyar kirin; réveiller, avertir
hişyarane; lucidement
hişyarbûn; réveil
hişyarî; lucidité
hizirîn; réfléchir
hîç; rien, aucun

hîdrojen; hydrogène
hîle; tricherie
hîle kirin; tricher
hîlebaz, hîledar; tricheur, rusé
hîm; fond, principal
hîmî; fondamental, principalement
hîn; plus
hîn bûn; s'habituer, apprendre
hîna; encore
hînbûn; apprentissage
hînbûnî; habitude
hîndekarî; enseignement
hînker; didactique
hîpnoz; hypnose
hîs; sentiment
hîv; lune
hîvik; croissant
hîvî; lunaire
hogir; compagnon, ami
hoker; adverbe
hol kirin; sauter
Holanda; Pays-Bas
holdan; sautillement
holik; cabane, hutte
honandin; tressage, filer
honandî; natté, tressé
hormon; hormone
hostayî; habileté
hov; barbare, farouche, brutal
hovane; brutalement
hovatî, hovitî; barbarie, cruauté, brutalité
humanîst; humaniste
humanîzm; humanisme
humus; humus
hundir; dedans
hundirîn; interne
huner; talent
hunerane; artistique

hunermend; artiste
hûlî; dinde
hûn; vous
hûnandin; tressage, filer
hûnîn; nattage
hûr kirin; trancher
hûrbaran; bruine
hûrbînî; rigueur
hûrik; infime
hûrkirî; broyé, moulu
hût; avide
hûtî; avidité
insanî; humanitaire
internet; internet
Iraq; Irak
iraqî; irakien
isbat kirin; prouver
ispanax; épinard
îbadet; messe
îbranî; hébreu
îcat kirin; inventer
îcatkirin; invention
îddia kirin; affirmer
îdeal; idéal
îdealîst; idéaliste
îdeolog; idéologue
îftira; calomnie
îlahî; cantique
îlon; septembre
îman; foi
îmze kirin; signer
înan; amener, apporter
îndeks; index
Îngilîstan; Angleterre
îngilîz; anglais
înkar kirin; nier
îqna kirin; convaincre
îqnabûyî; convaincu

Îran; Iran
îranî; iranien
îro(j); aujourd'hui
îroyî; actuel
îskan; verre
îskelet; squelette
îsot; poivre
îspanî; espagnol
Îspanya; Espagne
îşkence; torture
îşteh; appétit
îtalî; italien
Îtalya; Italie
îtifaq; accord
îzole; isolé
jahrdan; empoisonnement
jan; courbatures, mal
jan dan; souffrir
jankuj; calmant
japonî; japonais
Japonya; Japon
jehr dan, jehrandin; empoisonner
jehrîn; toxique
jê wê de; au-delà
jêbir; effaceur
jêbirin; effacer
jêgerîn; abandonner
jêgirtî; copie
jêhatî; capable, habile
jêkirin; trancher, coupe, couper, déchirer
jêr; inférieur, bas
jêrgotî; ci-après
jêrî(n); inférieur, ci-après
jêrzemîn; cave
ji; depuis
ji ber ku; parce que, car
ji bîr kirin; oublier
ji bo; afin de, pour

ji bo çi; pourquoi
ji bo ku; pour...que
ji çav ketin; décepcionner
ji hev kirin; séparer, trier
ji holê rakirin; détruire
ji mêj ve; depuis longtemps
ji nişka ve; soudainement, brusquement
ji nû ve dest pê kirin; recommencer
ji nû ve vêxistin; rallumer
ji xew rakirin; réveiller
ji zû de; depuis longtemps
jidandin; serrer
jidil; sincère
jihev; similaire
jihevgirtî; contagieux
jihevkirin; séparation
jimar; numéro, chiffre
jimartin; énumération, énumérer, compter
jin; femme, dame
jina siwarî; amazone
jinmam; tante
jinparêz; féministe
jirayî, jîrî; intelligence
jivan; rendez-vous
jixewrabûn; réveil
jixwe; d'ailleurs
jiyan; vie
jiyanî; vital
jiyîn; vivre
jî; aussi
jîjo; hérisson
jîmnastîk; gymnastique
jîn; vie, vivre
jîndar; vivace, vital
jîndarî; vitalité
jînde; vivant
jînenîgarî; bibliographie
jînî; vital

jîr; intelligent
jîrane; intelligemment
jorî(n); supérieur, ci-dessus
jornivîsî; précité
jûjî; hérisson
ka; où
kabîn; cabine
kablo; câble
kabûs; cauchemar
kafir; mécréant
kakî; kaki
kakût; squelette
kal; vieux, âgé, grand-père
kal bûn; vieillir
kalepîr; âgé
kalîn; gémir
kalîte; qualité
kalo; grand-père, vieux
kalorîfer; radiateur
kambax; affreux
kamdarî; humidité
kamera; caméra
kamil; mature
kamp; camp
kamyon; camion
kanal; canal
kangurû; kangourou
kanî; fontaine
kanser; cancer
kantîn; cantine
kanton; canton
kanûn; décembre
kapitalîst; capitaliste
kapsûl; capsule
kaptan; capitaine
kar; travail, emploi
kar kirin; travailler
karakter; caractère

karakterîstîk; caractéristique
karbidest; dirigeant
kardêr; employeur, patron
kardiyolog; cardiologue
kardîak; cardiaque
kare; carré
karesat; catastrophe, calamité
kargeh; atelier, compagnie, entreprise
karger; dirigeant
karîkator; caricature
karîn; pouvoir
karker; ouvrier, travailleur, compagnon
karkulîlk; champignon
karmend; employé, fonctionnaire
karnaval; carnaval
karne; carnet
karo; carreau
karok; champignon
karsaz; businessman
karsazî; établissement
kart; carte
karta qrediyê; carte de crédit
kartol; patate, pommes de terre
karton; carton
karûbar; service
karwan; caravane
karxane; usine
karzan; connaisseur
kase; caisse
kaset; cassette
kask; casque
kasket; casquette
kasok; faucille
kaş kirin; tirer
kaşok; tiroir
katalog; catalogue
katedral; cathédrale
kategorî; catégorie

katjimêr; heure
katolîk; catholique
kaxez; papier
kaxezgir; trombone
keç; fille
keçel; chauve
keder; chagrin
kedî; domestique, apprivoisé
kedkar; travailleur
kef; mousse
kefa dest; paume
kefîl; caution, garant
kefş; découverte, trouvaille
kefş kirin; découvrir
kej; blond
kel(a); forteresse
kelandin; bouillir
kelandî; bouillant
kelebab; coq
kelecanî; émoi
keledoş; vapeur
kelek; melon
kelem; chou
keleş; brigand
keleşêr; coq
kelijî; bouillant
keliyayî; cuit, bouillant
kelîn; bouillir
keman; violon
kendav; baie
kengî; quand
kenhar; comédien
kenok; rieur, comique
ker; âne
kerax; répugnant
keremkar; bienfaiteur
kerê belek; zèbre
kerguh; lapin

kerixîn; détester
kerî; troupeau
kerkulan; zèbre
kermêş; moustique
kerqolan; zèbre
kerr; sourd
kes; personne, quelqu'un
kesandin; conjuguer
kesane; particulier
kesanî; personnel
kesk; vert
keskesor; arc-en-ciel
kestane; châtaigne
keşe; prêtre
keştî; bateau, navire
ketin; chute, chuter, tomber
ketin hundir; rentrer
keval; parchemin
kevan; arc
kevane; parenthèse
kevçî; cuiller
kevil; manteau de fourure
kevir; pierre
kevir kirin; lapider
kevirandin; lapider
kevirê şemetok; ardoise
kevloşk; ridé
kevn; ancien
kevnare; antique
kevne; vieillot
kevneparezî, kevneperestî; conservatisme
kevneparêz, kevneperest; conservateur
kevneşop; coutume, tradition
kevneşopî; coutumier
kevok; pigeon, colombe
kevroşk; lapin
kewçêr; octobre
key; roi

keybanû; reine
keyîtî; royauté
keyparêz, keyperest; monarchiste, royaliste
kezeb; foie
kê; qui
kêç; puce
kêf; plaisir
kêfa xwe pê kirin; s'amuser
kêfxweş; joyeux, ravi
kêfxweşî; joie
kêlek; bord, côté
kêm; moins, peu
kêm kirin; baisser, diminuer
kêmahî, kêmanî, kêmasî, kêmayî; défaut, manque
kêmaqil; inintelligent
kêmbûn; baisse
kêmî; déficience
kêmkirin; réduction
kêmpêşketî; sous-développé
kêmron; sombre
kêmzêde; presque
kêr; couteau
kêrhatî; utile
kêşana lêkeran; conjugaison
kêşandin; tirer
kêşvanî; séduction
kêzik; insecte, cafard
kêzîn; canalisation
kêzxatûn; coccinelle
kilam; chanson
kilambêj; chanteur
kilîçe; biscotte
kilît; clé, serrure
kilox; crâne
kin; court
kinc; habit, vêtement
kincekinc; démangeaison
kincşok; buanderie

kindir; corde
kinga; quand
kinkirî; raccourci
kiras; chemise
kirde; sujet
kirê; loyer
kirê kirin; louer
kirêkirin; location
kirêt; laid, affreux
kirêtî; laideur
kirin; faire
kirin xewê; endormir
kiriyar; client
kirîn; acheter, achat
kiryarî; achat
kişandin; tirer
kişik; échecs
kişwergir; conquérant
kitan; lin, toile
kitandin; épeler
kizirî; grillé
kî ; qui
kîjan; quel, lesquel(s)
kîlo; kilo
kîlometre; kilomètre
kîmya; chimie
kîmyayî; chimique
kîr; pénis
kîroşk; lapin
kîsik; éponge
kîte; syllabe
kîte kirin; épeler
kîtêb; livre
kîtêbxane; bibliothèque
kîwî; kiwi
klasor; classeur
klavye; clavier
klîma; climat

ko(j)tin, koştin; ronger
koc; cadenas
koç kirin; émigrer
koçer; nomade
koçerî; nomadisme
kolan; avenue, rue, fouiller, creuser
kolandin; fouiller, creuser
koleksiyon; collection
kolektîf; collectif
kom; équipe, groupe
kom kirin; ramasser, rassembler, grouper, assembler, réunir
komar; république
kombûn; réunion, rassemblement
komel; association
komeleyî; associatif
komgirav; archipel
komir; charbon
komîk; comique
komîser; commissaire
komîsyon; commission
komîte; comité
komkirin; rassemblement
kompûter; ordinateur
komunîst; communiste
kon; tente
kongre; congrès
konser; concert
konsey; conseil
kontrat; contrat
kontrol; contrôle
kopya; copie
kor; aveugle
korderzî; épingle
koremişk; rat
korîdor; corridor
korkorane; aveuglément
kort; creux

kortej; cortège
kostum; costume
koşebend; crochet
kotek; bastonnade
koter; pigeon
kov(ik); entonnoir
kovan; chagrin
kovar; revue
kovî; farouche
kozmetîk; cosmétique
kraliyet; royaume
kramp; crampe
kredî; crédit
kreş; crèche
krîz; crise
kronîk; chronique
ku; que
kubar; poli
kufikî; moisi
kujer; criminel, tueur
kul; plaie, chagrin
kulandin; boiter
kulek; boiteux, trou
kulindterk; courgette
kulîlk; fleur
kulîmek; hanche
kulîn; boiter
kulm; poignée, poing
kulot; slip
kum; chapeau, bonnet
kumik; champignon
kuncî; sésame
kundir; courgette
kundirê (şîrî, şamî, zer); citrouille
kur; fils
kur kirin; raser
kurçimandin; pincer
kurd; kurde

kurdhiz; kurdophile
Kurdistan; Kurdistan
kurdnas; kurdologue
kurdneyar; kurdophobe
kurdolog; kurdologue
kurik; garçon
kurkirî; rasé
kurm(ik); ver
kurmî; véreux
kurmorî; fourmi
kursî; chaise, tabouret, siège
kurt; court
kurtahî, kurtasî; bref
kurtek; raccourci
kuştin; crime, meurtre, tuer
kuştî; tué
kut; poteau
kuta kirin; accomplir, conclure
kutakirî; accompli
kutan; bastonnade, frapper, taper
kuvark; champignon
kuxik; toux
kuxîn; tousser
kûçik; chien
kûd; estropié, infirme
kûr; profond
kûr kirin; approfondir
kûrbîn; clairvoyant
kûsî; tortue
kûz; cruche
laçik; voile
lal; muet
lalî; mutisme
lapûşk; griffe
lasayî kirin; imiter
laş; chair, corps
laşgir; corpulent
lavabo; lavabo

law; fils
lawaz kirin; affaiblir
lawik; garçon
lazer; laser
lazût; maïs
lebat; mouvement
lebitandin; bouger
lebitîn; remuer
legal; légal
legan; bassin
legleg; cigogne
lekolîn kirin; rechercher
lepik; gant
leqandin; bouger, remuer
lerizandin; secouer
lerizîn; frémir, trembler
lerz; frisson, tremblement
lesiqandin; coller
leşker; soldat
lewaz; faible, maigre
lewaz bûn; maigrir
lewazî; faiblesse
lewitandin; pollution, salir
lewitî; saleté, affreux
lewma, lewre; parce que, car
lext kirin; bousculer
leyistik; jeu
leyistin; jouer
leyz; jeu
lez; vite, vitesse
lez kirin; presser
lezandin; presser, hâter
lezlezî; hâtivement
lê; pourtant
lê belê; cependant, mais, toutefois
lê hûr bûn; inspecter
lê ketin, lê qelibîn; heurter
lê zivirandin; rejeter, refuser

lêanîn; adaptation, adapter
lêbarkirin; charger
lêborîn; pardon, excuse
lê borîn; pardonner, excuser
lêçûn; dépense, ressembler
lêdan; frapper, taper, battre, cogner, rosser
lêger; chercheur
lêgerîn; recherche
lêhatin; convenir
lêhatî; concordant
lêker; verbe
lêkirin; habiller, construire
lêkolîn; recherche, investigation
lênûs; cahier
lêpirsker; enquêteur
lêre; là
lêrê; ici
lêv; lèvre
lêxistin; cogner, taper
lêzokî; caprice
li bin; là-dessous
li çepika xistin; applaudir
li dû çûn; poursuivre
li hev hatin, li hev kirin; convenir, se mettre d'accord
li hev xistin; troubler, mélanger
li ku; où
li nav; là-dedans
li pey çûn; suivre
li piya; debout
li ser; là-dessus
li ser piyan; debout
li ser...; au-dessus
li vir; ici
li wê derê; là-bas
li wir; là-bas
li xwe kirin; porter un vêtement
liberal; libéral
ligel; avec

ligelhev; conjointement
lihevçûn; analogie
lihevhêner; pacificateur
lihevhênerî; pacification
lihevketin; carambolage
lihevnekirî; désaccord, antinomie
lijne; comité, délégation
ling; pied
litre; litre
livandin; bouger, remuer
livîndarîtî; dynamisme
lîfik; éponge
lîmon; citron
lîmonat; limonade
lîse; lycée
lîste; liste
lîstik; jouet
lîstikvan; joueur
lîstin; jouer
lîstok; jeu
lojîsiyel; logiciel
loma; car, parce que
lomandin, lome kirin; blâmer
lot(ik); bond, saut
lotik dan, lotikandin; sauter, bondir
lotikdan; sautillement
lotke; barque, canot
Lubnan; Liban
lubnanî; libanais
luks; luxe
lûle; tube
maç(ik), ; bisou, baiser
maç(ik) kirin;, baiser, embrasser
made; estomac
maderzad; congénital
madê xwe kirin; bouder
mafîr; tapis
magazîn; magazine

makîna hesaban; calculatrice
makîne; appareil, machine
makîneya dirûtinê; machine à coudre
makyaj kirin; maquiller
mal; domicile, maison
mal bar kirin; déménager
malbat; famille, parent
malbatî; familial
maliştin, malîn; balayer, nettoyer
malok; domestique
mam; oncle paternel
mamoste; enseignant, instituteur, professeur
man, mayîn; rester
mandalîna; clémentine
mandarîn; mandarine
mandî; épuisé, fatigué
mandî kirin; fatiguer
mandîbûn; épuisement, fatigue
mang; mois
mange; vache
manto; manteau
maqûl; convenable, raisonnable
mar; serpent
margisk; vipère
marqa; marque
masa utiyê; table à repasser
mase; table
masî; poisson
masî girtin; pêcher
masîvan; pêcheur
masîwûrk; sardine
masîxatunk; saumon
mast; yaourt
matematîk; mathématiques
mayînde; durable, constant
mayo; maillot
mebest; but
mecbûriyet; obligation

mecbûrî; indispensable, obligatoire
medeniyet; civilisation
meh; mois
mehane; mensuel
mehanî; salaire
mehfûr; tapis
mehî; mensuel
mehîn; jument
mehwa; atmosphère
melek; ange
melkes; balai
memik; sein
memûr; fonctionnaire
meqbûz; reçu
meqes; ciseaux
merasim; cérémonie
merc; condition
mercek; loupe
merengoz; menuisier
merezdarî, merezî; morbidité
merhem; crème
merivatî; consanguinité
meselok; conte
meslek; profession
mesref; dépense
meşîn; marcher
metal; métal
metbax; cuisine
metre; mètre
mevred; lime
mexer; plaine
mey; vin
meymûn; singe
meyxane; taverne
mezbût; solide
mezel; cimetière, tombe
mezin; grand
mezin bûn; croître

mezin kirin; agrandir
mezinbûn; croissance
meziyetdar; vertueux
mê; féminin
mêjî; cerveau
mêr; homme, mari, époux
mêrane; courageusement
mêrg; prairie
mêrik; bonhomme
mêrkuj; criminel
mêrkûjî; meurtre
mêrûn; baptême
mêrxas; courageux, brave
mêrxasî; courageusement, bravoure
mêş(ik); mouche
mêşlok; insecte
mêtin; téter, sucer
mêvan; hôte, invité
mêvanhez, mêvanperwer; hospitalier
mêvanhezî, mêvanperwerî; hospitalité
mêvanxan; auberge
mêze kirin; regarder
mêzîn; regarder, balance
mifte; clé, serrure
mij; brouillard, brume
mijandin; téter
mijdar; novembre
mijik; sucette
mijîn; sucer
mikur hatin; avouer
mil; manche, épaule
milyaket; ange
milyar; milliard
milyarek; un milliard
milyon; million
milyonek; un million
mimari; architecture
min; je, ma, mon, mes

miqedes; sacré, saint
miqilk; poêle
miraz; vœu
mirin; mort, décès, mourir, décéder
mirîd; disciple
mirîşk; poule, poulet
mirovane; humainement
mirovatî; humanité
mirovî; humanitaire
mirovnas, mirovzan; anthropologue
mirovnasî, mirovzanî; anthropologie
misilman; musulman
Misir; Egypte
misîn; aiguière
misoger kirin; confirmer
mist dan; masser, caresser
mistdan; caresse, massage
mişe; abondant
mişk; souris
mişmiş; abricot
mişterî; client
mitleq; absolu
mitleqe; absolument
mixabin; hélas
miyaser bûn; réussir
mizdan; caresser, masser, frotter
mizgeft; mosquée
mî; brebis, mouton
mîkrob; microbe
mîkrofon; microphone
mîmar; architecte
mîna; comme
mînak; exemple
mîr; prince
mîrat; héritage
mîratgîr; héritier
mîrza; prince
mîsoger; certain, exact

mîsogerî; certitude, rigueur
mîstin; pisser, uriner
mîsyoner; missionnaire
mîx; clou
mîx kirin; clouer
mîz; urine
mîz kirin; pisser, uriner
mîzah; humour
mîzîn; pisser, uriner
model; modèle
modesaz; styliste
morî; fourmi
mostik; biberon
motor; moteur
moz; abeille
moz(a)qirtik; guêpe
muzîk; musique
muzîkjen; instrumentiste
muzîkvan; musicien
mû; poil
mûçe; salaire
mûm; bougie
mûz; banane
na; non
nagehan; brusquement
nakok; contradictoire
nakokî; contradiction, antinomie
nalbend; forge
nalîn; gémir
name; courrier, lettre
namûs; honneur
namzet; candidat
nan; pain
nane; menthe
nanewa, nanfiroş, nanpêj; boulanger
nanewaxane, nanfiroşî, nanpêjî; boulangerie
napirandin; griffer
narîn; mince, délicat, élégant, coquet

narînane; élégamment
narînî; élégance
nas; connaissance
nas kirin, nasîn; connaître
nasname; carte d'identité
nasyar; connaissance
nasyarî; amitié
nav; prénom, dans, interne
navber; intervalle, pause
navbeynkar; pacificateur
navbeynkarî; pacification
navçe; région
navçeng; aisselle
navdar; populaire, célèbre
navdarî; réputation, renom
navend; milieu, centre
navik; interne, nombril
navlêkirin; dénomination
navnetewî; international
navnîşan; adresse
nazdar, nazenîn; coquet, aimable
nazî; caprice
nealîgir; neutre
neasayî; anormal
neçîr; chasse
neçîrvan; chasseur
nediyarî; imprécision
nefel; trèfle
nefret kirin; détester, haïr
nefsmezin; aitler, hautain
neft; pétrole
negerguhêz; intransitif
nehemîn; neuvième
neheq; inique, injuste
neheqî; injustice, tort
nehevedem; asynchrone
nehêja; insignifiant
nehiştin; retenir, empêcher

nema; ne…plus, désormais
nemaze; particulièrement, surtout
nemerdane; lâchement
nemerdî; lâcheté
nenas; inconnu
nepenî; secret
neprûk; râteau
neqeb; intervalle
neqilandin; transporter
nerasterast; indirect
nerm; doux, souple
nermik; mou
nesax; malade
nesaxî; maladie
nesiruştî; anormal
neşterger; chirurgien
neştergerî; chirurgie
netew; nation
neteweyên yekbûyî; nations-unies
netewî; national
nevî; petit-fils
newa; chant
newêrek; peureux
newêrekî; lâcheté
nexş; broderie
nexuyatî; imprécision
nexweş; malade
nexweşî; maladie
nexweşnêr; infirmière
nexweşxane; hôpital
neyar; ennemi
neyarane; hostile
neyartî; hostilité
neyekser; indirect
neynik; miroir
neynûk; ongle
nezan; ignorant
nêr; masculin

nêreng; magicien
nêrîn; regard, regarder
nêz; proche, près
nêz hatin, nêz(ik) bûn; approcher
nifş; génération
niha; maintenant
nik; proche, près
nika; maintenant
nikil; bec
nimêj; prière
nimêj kirin; prier
niştîman; nation
nivandin; coucher, endormir
nivisandî; par écrit
nivistin; dormir
nivîs; écriture
nivîsandin; écrire
nivîsar; texte
nivîsî; écrit
nivîsîn; écrire
nivîskar; écrivain
nivîskî; par écrit
nivîşk; beurre
nixamtin; couvrir
nizang; cercueil
nîgar; broderie
nîjad; ethnie
nîjadî; ethnique
nîjadperest; raciste
nîsan; avril
nîsk; lentille
nîşan dan; montrer
nîşan(ek); signe
nîşandan; étaler
nîşandek; emblème
nîşandin; montrer
nîşank; note
nîşe girtin; noter

nîştimanperwer; patriote
nîştingeh; adresse
nîv; demi, moitié
nîv dem; mi-temps
nîv saet; demi-heure
nîvê şevê; minuit
nîvro; après-midi
nîvro(j); midi
nîvroj; après-midi
nod; quatre-vingt-dix
nodemîn; quatre vingt dixième
noel; noël
nok; pois-chiche
normalî; normalité
not; note
nozdeh; dix-neuf
nukte; humour
nuqte; point
nuqtebêhnok; point-virgule
nuqtecot; deux-points
nû; nouveau
nûçe; nouvelles, information
nûçegihan; correspondant
nûjdar; docteur
nûjen; moderne
nûner; représentant
nûnerî; représentation
nûsazî; réforme
nûser; écrivain
nûve dan; inventer
nûvedan; invention, trouvaille
nûwaz; compliment
ode; salle, chambre
oksîjen; oxygène
ol; religion
oldar; religieux
oldarî; dévotion
olî; religieux

operasyon; opération
ordek; canard
organîzator; organisateur
orik; plafond
orîn; meugler, hurler, mugir
ortodoksî; orthodoxie
otel; hôtel
otobus; bus
otomobîl; automobile
otonom; autonome
otorîte; autorité
otorîter; autoritaire
pace; fenêtre
paçik; chiffon
pahtin; cuire
pak; propre, pur
paket; colis
pakêt; paquet
pakî; pureté
palandin; égoutter
paldank; fauteuil, soutien
paleyî; moisson, récolte
palkursî; fauteuil
panî; talon
pankart; pancarte
panzdeh; quinze
papaz; clergé
papîk; chausson
paqij; propre
paqij kirin; nettoyer, effacer
par; apport, contribution, part
par kirin; diviser
parastin; défense, protection, défendre, protéger
paraşût; parachute
parç; carafe
pardar; actionnaire
parêzer; avocat
parêzgar; préfet

parêzgeh; préfecture
parfûm; parfum
parî; bouchée
park; parc
parkirin; partage
parkîng; parking
parlamenter; député
parlemento; parlement
parmend; associé
parsek; mendiant
parsû; côte
parşomen; parchemin
partî; parti
parve kirin; diviser, partager
parxêl; charrette
parzemîn; continent
parzinandin; égoutter
pasaport; passeport
pasta; tarte
paste; gâteau
paş; derrière
paş ve anîn; ramener
paşê; après, ensuite
paşnav; nom
paşxwarin; dessert
paten; patin
patron; patron
paye; niveau
payîdar; durable
payîz; automne
paytext; capitale
pedagojî; pédagogie
pedal; pédale
pejirandin; accepter, admettre
pekandin; éclabousser
pel, pelik; papier, feuille
pelaştin; détruire, démolir
pelaxtin; écraser

pelaxtî; comprimé
pelçixî; comprimé
pelepel; pressé, urgent
pelişandin; démolir
pelişîn; s'effondrer
pelixandin; écraser
pembû; coton
penaber; réfugié
penah; abri, refuge
pencere; fenêtre
pençik; griffe
pend kirin; recommander
penêr; fromage
pengizandin; élancer
pepûle; papillon
peqik; bulle
peqîn; explosion
per; aile
perav; rive, bord
perçe kirin; briser, casser
perçiqandin; écraser
perde; rideau
pere; argent, monnaie, sou, fric
pere dayîn; payer
peredayîn; paiement
peresîn; évolution, expansion
perest; chauvin
perestar; infirmière
perestgeh; temple
perestin; adorer
perestî; messe
pergal; ordre
perger; compas
peritandin; plumer
perperok; papillon
perûk; perruque
perwerde; éducation
perwerdehî; enseignement

pesin dan; vanter
pesinandin; vanter
pesindan; apprécier
pesnandin; apprécier
peşikandin; éclabousser
peşk; goutte
petêx; melon
petrol; pétrole
pevçûn; bagarre, querelle, dispute, se disputer, se bagarrer
pevguhartin; échange, échanger
pevjik; antenne
pevrayî; collectif
pevre; conjointement
pexîl; envieux
pey; derrière
peya; homme
pey çûn; poursuivre
peyam; message
peyarê; trottoir
peyda kirin; obtenir, trouver
peydeker; découvreur
peyivîn; parler, converser, discuter
peyker; monument, statue
peyker kirin; sculpter
peykersaz; sculpteur
peykersazî; sculpture
peykertiraş; tailleur
peyman; accord, contrat, pacte
peyv; mot
peyvir; emploi
peyvirdar; employé
peywendî; relation
peyxam; message
pez; petit bétail
pezkûvî; cerf
pê; pied
pê girtin; attraper, tenir

pê hesîn; entendre
pê hisîn; sentir
pê re çûn; accompagner
pê ve kirin; attacher
pê werkirin; saupoudrer
pêç(ek); bande
pêçandin; couvrir
pêçang; bande
pêçî; doigt, orteil
pêçîka qiliçê; auriculaire
pêdivî; besoin, nécessaire
pêgir; dépendant
pêhesî; intuition
pêjgeh; cuisine
pêjgîr; serviette
pêjn; son
pêk anîn; composer
pêk ve çûn; accompagner
pêkenî; humour
pêkenok; moquerie, comique
pêker; facteur
pêketî; concordant
pêkhatin; réalisation
pêkhatî; composé
pêl; vague
pêlav; chaussure
pêlava xwe pê kirin; chausser
pêlekan; escalier
pêma; héritage
pênc; cinq
pêncemîn; cinquième
pênciyemîn; cinquantième
pêncî; cinquante
pêncşem; jeudi
pêngav; pas, mesure
pênûs; stylo
pênûstraş; taille-crayon
pêr; avant-hier

pêrgîn; réception
pêsîr; sein, mamelle
pêş; avant, devant
pêş ketin; avancer
pêş ve çûn; avancer
pêşandan; exposition
pêşande; spectacle, exposition
pêşangeh; foire, exposition
pêşawatî; leadership
pêşbazî; compétition
pêşber; guide, devant
pêşberî; en face de
pêşbirk; compétition
pêşbîn; clairvoyant, prévoyant
pêşbînî; anticipation, clairvoyance
pêşbîrî; anticipation
pêşdîtin; anticipation
pêşem; jeudi
pêşeng; leader
pêşeroj; futur
pêşgir; digue, obstacle
pêşgirî; précaution
pêşinde; avance
pêşiyê; d'abord
pêşî; antériorité, d'abord
pêşîn; début
pêşkeş kirin; offrir
pêşketî; avancé
pêşkêş kirin; présenter
pêşkêşî; présentation
pêşkêşker; animateur
pêşniyar; proposition
pêşniyar kirin; offrir, recommander
pêşniyaz; proposition
pêşrev; leader
pêştir; précédent, antériorité
pêşveçûn; progrès
pêşveçûyî; avancé

pêşwazî kirin; accueillir
pêşxebat; étude
pêtal; flambeau
pêtik; étincelle, allumette
pêve; lié
pêveder; informateur
pêwendî; lien, connexion
pêwendîdar; correspondant
pêwîst; nécessaire
pêwîstî; nécessité, besoin
pêxistin; allumer
pêxwas; nu pieds
pêzan; connaisseur, informé
piçanîn; chuchoter
pidî; gencive
pif kirin; souffler
pijandin, pijîn; cuire
pijandî; cuit
pijiqandin; éclabousser
pijiqîn; cracher
pile; niveau
piling; tigre
pinde; excommunication
pindebûyî; excommunié
pindepîr; araignée
pinêwuz; absence
pirasa; poireau
pirç; poil
pirpirok; papillon
pirr; beaucoup, trop
pirr bûn; croître
pirs; question
pirsîn; poser, demander
pirsyar; question
pirşing; étincelle
pirtûk; livre
pirtûkfiroşî; librairie
pirtûkxane; bibliothèque

pirxîn; ronfler
pising; chat
pisîk; chat
pismam; cousin paternel
pispisîn; chuchoter
pispor; connaisseur, spécialiste
pisûle; boussole
pişaftin; fondre
pişik; poumons
pişikîn; éternuer
pişkdar; partenaire
pişkdarî; partenariat
pişt; derrière, dos
pişt girtin; supporter
pişt(girî) kirin; soutenir
piştek; soutien
piştevan; supporter
piştevanî; soutien, support
piştevanî kirin; appuyer, soutenir
piştgirî; support
piştgirî kirin; appuyer
pişthev; solidaire
pişthevî; solidarité
piştre; après, ensuite
pitik; bébé
pixêrî; cheminée
piyano; piano
piyar; tendre
pîgar; complice
pîj; aiguille à tricoter
pîjama; pyjama
pîlot; pilote
pîngpong; ping-pong
pîr; âgé, veille
pîr bûn; vieillir
pîrbûn; vieillesse
pîrek; femme
pîrhebok; araignée

pîrhevonek; araignée
pîroz; sacré, saint
pîroz kirin; féliciter
pîrozbahî; félicitations
pîrozgeh; temple
pîrozkirin; félicitations
pîrzola; côtelette
pîs; merde
pîşe; profession
pîv; dose, mesure
pîvan; mesure, mesurer, jauger
pîvaz; oignon
pîvazê sor; échalote
pîvazê şîn; oignon vert
pîvîn; mesurer
pîzang; guêpe
pîzpîzik; sifflet
plaj; plage
podra; poudre
pol; épaule
polîs; police, policier
polîsgeh; commissariat
pompa; pompe
ponijîn; méditer
por; cheveu
porsor; roux
Portekîz; Portugal
portekîzî; portugais
portmanto; portemanteau
poste; poste
poşman bûn; regretter
poşmanî; regret
pot; tissu
poz; nez
pozbilind; hautain, aitler
pozbilindî; arrogance, orgueil
pratîk; pratique
prens; prince

prezervatîf; préservatif
prîz; prise
proje; projet
prolêter; prolétaire
propaganda; propagande
protestan; protestant
provokator; provocateur
psîkiyatr; psychiatre
psîkolog; psychologue
pûç; abîmé, pourri, futile
pûç kirin; abîmer, putréfier
pûçî; futilité
pûl; timbre
pûng; menthe sauvage
pûro; cigare
pûrt; poil
pûş; paille
pûşper; juin
qad; espace, champ
qada gel; agora
qal kirin; conter
qalik; croûte
qam; taille
qanûn; loi
qantir; mule
qapan; balance
qas; quantité
qasiyer; caissier
qaşik; croûte
qat; étage
qawink; cadran
qayiş; ceinture
qaz; oie
qebûl kirin; accepter, admettre
qeda; malheur
qedandin; accomplir, conclure, terminer
qedandî; accompli
qedayî; terminé

qedexe; interdit
qedexe kirin; interdire
qediyayî; fini
qedîm; ancien
qefaltin; attraper
qefilandin; refroidir
qefilîn; geler
qefl; cadenas
qefle; troupeau
qefş; touffe
qefz; bond
qehirandin; énerver, fâcher
qehirî; coléreux, fâché
qehwe; café
qehweyî; marron
qelandî; grillé
qelbez; bond
qelem; stylo
qelen; dot
qelew; gros
qelew bûn; grossir
qelibandin; renverser
qelibandî; renversé
qelişandin; déchirer
qels; impuissant, maigre
qels bûn; maigrir
qels kirin; affaiblir
qelsî; faiblesse
qelûn; pipe
qemçik; tige
qencbûn; guérison
qencî; bonté
qencîxwaz; bienveillant, bienfaiteur
qencîxwazî; bienveillance
qenctir; meilleur, mieux
qenepe; canapé
qepûşk; escargot
qerax; bord, rive

qerf; moquerie
qerfkar; humoriste
qerisîn; geler
qermiçandî; ridé
qermiçî; ridé
qerqef; carafe
qesem kirin; jurer
qeşartin; écorcher
qeşmer; bouffon, clown
qeşmerok; rigolo
qeşûr kirin; écorcher
qet; aucun, jamais
qetandin; coupe, couper
qetqetî kirin; découper
qevçil; répugnant
qevd; touffe
qevdik; poignet
qewimîn; survenir
qewitandin; renvoyer
qewl; terme
qeyd; inscription
qeyran; crise
qeysî; abricot
qeza; accident
qêrîn; crier, cri
qidî kirin; chatouiller
qijak; corbeau
qijik; corbeau
qijilandin; frire
qijilandî; rôti
qilêr; sale
qilêrî; saleté
qilîçik; auriculaire
qiloç; corne
qir kirin; exterminer
qirase; grand, corpulent
qirawat; cravate
qirêj; sale

qirêj kirin; salir
qirêjî; malpropreté, saleté
qirêjkirin; pollution
qirik; gorge
qise kirin; converser, parler
qisebêjî; diction
qiset; récit, conte
qita; continent
qîjîn; hurler
qîq; squelette
qîrîn; hurler
qoç; corne
qod; code
qoda posteyê; code postal
qomçe; ruban
qop; estropié, infirme
qorik; hanche
qorna; klaxon
qorna lêxistin; klaxonner
qralîçe; reine
qubeqaz; cygne
qufil; clé, serrure
qul; cul, trou
qul kirin; trouer, crever
qulibandin; abattre
qulik; trou, cage
qulqulandin; trouer
qumaş; tissu
qumçe kirin; boutonner
qumçik; crochet
qunc; angle
quncik; coin
quncirandin; pincer
qurban; victime
qure; hautain, aitler
quretî; arrogance, orgueil
qurm(ik); tronc
qurmiçî; ridé

qurpandin; avaler
quşxane; cocotte, marmite
qut; coupure
qutiya postê; boîte aux lettres
quz; vagin
qûn; cul
rabirdû; souvenir, réminiscence
rabûn; hausse
rabûnûrûniştin; comportement
raçandin; toucher
raçav kirin; regarder, surveiller
radan; fermer
rade; degré, niveau
rader; infinitif
radyo; radio
ragehiştin; parvenir
ragihandin; déclarer
ragirtin; retenir, attraper
rahiştin; déclarer
raket; racket, raquette
raketin; dormir
rakêşandin; ôter
rakirin; ôter, soulever, enlever, lever
raman; pensée, idée
ramûsan; baiser
ramûsîn; baiser
randevû; rendez-vous
raperîner; rebelle
rapêlk; râteau
rapêş kirin; exposer
rapêşî; spectacle
rasîst; raciste
rast; vrai, exact, juste, correct, réel
rast hatin; rencontrer
rastane; réellement, véritablement
rastaxaftin; diction
rastbirast; directement
rastek; règle

rasteqîn; réel
rasteqîne; véritable
rasterast; direct, directement
rasterastî; justement
rastgêş; règle
rastgo; honnête
rasthatî; occasionnel
rastî; vérité, réalité
rastîn; véritable
rastker; rédacteur
rastkirî; stabilisé
rastnivîs; orthographe
rawe; mode
rawest; arrêt, pause
rawestgeh; arrêt
rawestîn; s'arrêter
rawêj; consultation
rawêj kirin; consulter
rawirîn; traversée
raxistin; étaler, étendre
ray; vote
ray dan; voter
rayek; racine
razan; dormir
razandin; coucher
razî kirin; convaincre
reaksiyon; réaction
reçel; confiture
red; refus
red kirin; rejeter, refuser
redaktor; rédacteur
redandin; refuser
ref; rangée, troupeau
refah; prospérité
refik; étagère
refleks; réflexe
reh; racine
rehdar; enraciné

rehet bûn; guérir
rehet kirin; soulager
rehetbûn; guérison
rejî; charbon
rejîm; régime
reklam; publicité
rekor; record
reng; couleur
rengdêr; adjectif
rengîn; multicolore
reqem; chiffre
reqisîn; danser
resepsiyon; réception
restoran; restaurant
reş; noir, nègre
reş kirin; effacer
reşandin; saupoudrer
reşemî; février
reşîd; adulte
revaştin; ronger
revîn, reviyan; fuir, s'enfuir
rewa; légitime
rewanbêj; éloquent
rewêrtin; sculpter
rewnaq; splendide, brillant
rewş; situation, condition
rewt; perche
rex; près
rexhev; lié
rexne kirin; critiquer
rezber; septembre
rezervasyon kirin; réserver
rê dan; autoriser
rê kirin; expédier
rê(k); chemin, voie, route
rêbendan; janvier
rêber; leader, guide
rêberî; leadership

rêberî kirin; guider
rêbir; gangster, brigand
rêbirî; banditisme, brigandage
rêç; trace, ligne
rêçar; carrefour
rêdan; autorisation
rêder; issue
rêheval; camarade
rêhevaltî; camaraderie
rêje; taux
rêjne; averse
rênîş; guide
rêtin; verser
rêvebir; directeur, dirigeant
rêwerz; instruction, directive
rêwingî, rêwîtî; voyage
rêwî; voyageur
rêx; crotte
rêxistin; organisation
rêz; respect, ordre
rêz girtin; respecter
rêzandin; classer
rêze; série
rêziman; grammaire
rêznezan; impudent
rêznezanî; impudence, insolence
ricifîn; frémir, frisson
rih; barbe
rihet; confortable
rihetî; confort
rijandin; répandre, verser
rijik; cendre
rijikdank; cendrier
rikêfkirin; assaut, attaque
rind; bon, beau
rindî; beauté
ristik; collier
riwîn; liquide

riwînî; liquidité
rizandin; abîmer, putréfier
rizgar; libre
rizgar kirin; libérer, sauver, secourir
rizgarker; sauveteur, sauveur, secouriste
rizgarkirin; libération
rizi(yayî); abîmé, croupi, pourri
rizîn; pourrir
rî; barbe
rîçal; confiture
rîn; chier
rîs; laine
rîsandin; filer
rîsk; risque
rîtin; chier
rîtm; rythme
ro(j); soleil
robot; robot
roj; jour
rojane; journalier, quotidien
rojanî; actuel
rojbaş; bonjour
rojbûn; anniversaire
rojev; actualité
rojhilat; ouest
rojîn; journalier, quotidien
rojname; journal
rojnameger, rojnamevan; journaliste
rojnamegerî, rojnamesazî, rojnamevanî; journalisme
rokirin; répandre
rol; rôle
romannivîs; romancier
ronahî; lumière
ronak; splendide, lumineux, limpide
rondik; larme
ronî; lumière
ronî kirin; allumer, éclairer
roportaj; reportage

rovî; renard
roz; jour
ruh; âme
rusî; Russe
Rusya; Russie
rû; face, visage
rûbar; fleuve
rûber; surface
rûçikandin; plumer
rûgeş; souriant
rûkenok; souriant
rûmet; valeur, honneur
rûmet dayîn; respecter
rûmetdar; honoré
rûmetgiran; digne
rûmetî; honorabilité
rûn; huile
rûniştandin; asseoir
rûniştandî; assis
rûniştek; banc
rûniştgeh; gîte
rûnîştî; assis
rûpel; page
rûpişt; doublure
rûreş; hypocrite
rûsar; antipathique
rûsarî; antipathie
rûşîrîn; mignon
rût kirin, rûtandin; plumer
rûtkirî; rasé
rûvî; renard, boyau
sabote; saboté
sabûn; savon
sadiq; fidèle
saet; heure, montre
safî kirin; régler
sakîn kirin; calmer
sako; jaquette

sal; an, année, âge
salane; annuel, annuellement
salname; calendrier
salon; salle, salon
sambelot; châtaigne
samîmî; sincère
saniye; seconde
santîmetre; centimètre
santral; centrale
saqo; veste
sar; froid
sar kirin; refroidir
sardîn; sardine
saresar; froidement
sarî; froid
satil; seau
sawar; boulgour
saxbûn; convalescence
saxtî kirin; visiter
sazî; organisation, établissement, fondation, édifice
sazkar; organisateur
sazker; constructeur
sazkirin; fondation
sazkirî; organisé
sebir kirin; patienter
sebirane; patiemment
sebirîn; patienter
sebî; enfant
sebze; légumes
sed; cent
sed û yek; cent-un
sedan; centaine
sedem; excuse, motif, cause
sedemîn; centième
sedeqe; aumône
sedsal; siècle
sedsalî; centenaire
sefaret; ambassade

seg; chien
sekan; inerte
sekanî; tranquillité
sekin; arrêt
sekinandin; arrêter, stopper
sekinîn; s'arrêter
sekreter; secrétaire
seks; sexe
seksî; sexy
seksualîte; sexualité
selete; salade
selik; corbeille, panier
semantîk; sémantique
sembol; symbole
senarîst; scénariste
senator; sénateur
sendîka; syndicat
sendîkalîst; syndicaliste
sepet; panier
seqet; estropié, infirme
seqirandin; calmer
ser; tête
ser û bin kirin; renverser
serbazgirî; militarisme
serberjêr; descendant
serberjor; ascendante
serbestane; librement
serbilind; fier
serbilindî; fierté
serbixwe; indépendant
serbixwetî; indépendance
serborî; aventure
serçav; face, visage
serdab; cave
serdan; visite
serdar; commandant
serdarî; commandement
serdestî; domination, hégémonie

serdil; bien-aimé
seredanî; visite
serefraz bûn; réussir
serek; chef, leader
serekanî; fontaine
sereke; principal
serekeyî; principalement
sererast kirin; corriger
serfirazî; victoire, réussite
sergêj; étourdi, perplexe
sergêjbûn; étourdissement
sergo; poubelle
serhildayî; révolté
serhildêr; rebelle, insurgé
serî; tête, bout
serjêkirin; décapitation
serkar; chef
serke(f)tin; victoire, réussite, succès, réussir
serketiyane; victorieusement
serlêder; requérant
serma; froid
sermawez; novembre
sermayî; froidure
sermest; soûl, ivre
sermil; épaule
sername; titre
sernan; tartine
sernav; titre
serneketîbûn; échec
sernivîs; titre
sernivîsar; éditorial
sernivîskar; éditorialiste
serok; chef, leader, président
serokatî; leadership, présidence
serokdewlet; chef d'état
serokkomar; président de la république
serokwezîr; premier ministre
serpêhatî; aventure

serpûş; voile
serrast kirin; corriger
sersaxî; condoléances
sersem; perplexe
serşo(k); bain, douche
sertîfika; certificat
sertûj; pointu
serûber; tenue
serwerî; domination, hégémonie
serxoş; ivre, soûl, bourré
serxwebûn; indépendance
serxweş; ivre, soûl, bourré
serxweşî; condoléances
sewal; animal
sexmanker; ingénieur
sextekar; escroc
seyahet kirin; voyager
seyar; itinérant
seyare; automobile, voiture
seyd; chasse
seyda; sage
seyr; étrange
seyran; balade, promenade
sê; trois
sêçerxe; tricycle
sêgoşe; triangle
sêhr; magie
sêhrbaz; magicien
sêlak; sable
sêmange, sêmehane, sêmehî; trimestre
sênik; assiette
sênî; plateau
sêqat; triple
sêrker; magicien
sêselet; tradition
sêşem; mardi
sêtelk; fourchette
sêv; pomme

sêwî; orphelin
sêyek; tiers
sêyemîn; troisième
sêzdeh; treize
sibat; février
sibe; matin, demain
sibezûkî; matinal
sifir; zéro
sigorta; assurance
sil; déjection, excrément
silav dan; saluer
silq; betterave
simaq; sumac
sinîr; nerf
sinyal; signal
sipartek; soutien
sipas; merci
sipehî; joli
sipî; blanc
sipî kirin; écorcher
sipîtî; blancheur
sirûşt; nature
sirûştî; naturel
sist kirin; ralentir, dévisser
sistok; mou
sitar kirin; abriter
sitar(e), sitargeh; refuge, abri
sitrandin; chanter
sivik; doux, léger
sivik kirin; alléger
sivikî; doucement
sivîl; civil
sivnik; balai
siwar; cavalier
sixûr; porc-épic
siyemîn; trentième
siyonîst; sioniste
siza; punition

sî; ombre, trente
sî û yek; trente et un
sîle; gifle
sîmetrîk; symétrique
sînema; cinéma
sîng; poitrine
sînor; frontière, limite
sîqal; cirage
sîr; ail
sîrk; cirque
sîrkulasyon; circulation
sîstem; système
sîtil; chaudière
sîwan; parasol, ombrelle
sîx; aiguille à tricoter
sîxur; agent
skî; ski
skwash; squash
slav; slave
sobe; poêle
soberî; nage
soberî kirin; nager
sofîtî; dévotion
sol; chaussure
solîst; soliste
sond xwarin; jurer
sor; rouge
sor bûn; rougir
sor kirin; frire
sorkirî; grillé, rôti
sosîs; saucisse
sosret; bizarre
sosyalîst; socialiste
sotemenî; carburant
sotin; brûler
soz dayîn; promettre
sozdar; fidèle
spas; merci

spas kirin; remercier
spekulatîf; spéculatif
spîbext; chanceux
spor; sport
sportîf; sportif
stabilize; stabilisé
stad; stade
staj; stage
standin; prendre
stendin; acheter
stêrger; astronaute
stêrk; astre, étoile
stêrnas, stêrzan; astrologue
stêrnasî, stêrzanî; astrologie
stirandin; abriter, protection
stîner; destinataire
stran; chanson, chant
stran gotin; chanter
stranbêj; chanteur
stratejî; stratégie
stû; cou
stûn; poteau
stûr; gras
stûre; corne
sukût; silence
sumerî; sumérien
super; super
suprîz; surprise
sûc; infraction
sûcdar; coupable
sûcdar kirin; accuser
sûcker; accusateur
sûret; visage
Sûriye; Syrie
sûriyeyî; syrien
sûtyen; soutien-gorge
şad; content, heureux
şadî; gaieté, joie

şagirt; disciple, élève, apprenti
şahberû; châtaigne
şahî; joie
şahît; témoin
şal; pantalon
şalgerden; écharpe
şamik; tomate
şamî; dinde
şampûan; shampoing
şan; signe
şanaz; fier, honoré
şanazî; fierté
şande; délégation, délégué, émissaire
şander; expéditeur
şandin; envoyer, expédier, adresser
şandyar; expéditeur
şanî dan; montrer
şano; théâtre
şanonivîs; dramaturge
şantiye; chantier
şape; avalanche
şaredar; maire
şaredarî; mairie
şaresaz; urbaniste
şaresazî; urbanisme
şaristanî; civilisation
şarkuterî; charcuterie
şarpe; écharpe
şaş; erroné, faux
şaşbûn; étonnement
şaşbûyî; étonné
şaş bûn; être étonné
şaşik; bandeau
şaşitî; erreur, faute
şaşker; étonnant
şax; corne, section
şazdeh; seize
şazdehemîn; seizième

şe; peigne
şebeke; réseau
şeh kirin; coiffer, peigner
şehîd; martyr
şek dan; contraindre
şekir; bonbon, sucre
şekirdank; sucrier
şekirî; sucré
şelo kirin; troubler
şemal; brillant
şemitîn; glisser
şemî; samedi
şemsî; ombrelle, parapluie
şemşaq; carafe
şeng; gai
şengî; gaieté
şepe; avalanche
şeqam; gifle
şeqizandî; étonné
şeqizî; abasourdi
şeqizîn; étonnement
şer; guerre, bataille, bagarre
şer kirin; lutter, se battre, se bagarrer
şerab; vin
şerbik; cruche
şerm; honte
şermezar kirin; blâmer
şermîn, şermok; timide
şerragirtin; cessez-le-feu
şert; obligatoire, condition
şervan; combattant, guerrier
şeş; six
şeşemîn; sixième
şeşgoşeyî; hexagonal
şetele; avalanche
şev; nuit
şevbêrk; veillée
şewat; incendie, brûlure, combustion

şewatek; carburant
şewatok; brûlant
şewişî; déséquilibré
şewitandin; brûler
şewitî; brûlure
şewq; rayon
şexsî; personnel
şeydayî; démence
şeytan; diable, démoniaque
şeytanok; escargot
şêlindir; betterave
şên; gai
şêr; lion
şêrîn; aimable
şêst; soixante
şêstemîn; soixantième
şêt; fou
şêtî; folie, démence
şêwaz; manière, façon
şêwe; forme, façon
şêwekar; peintre
şêwezarî; dialectal
şêwirîn; consulter
şêwirmend; conseiller
şêwî; perplexe
şêwr; consultation
şibak; fenêtre
şibîn; ressembler
şidandin; serrer
şidandî; serré
şidet; violence
şik; doute
şikandin; briser, casser
şikandî; cassé, brisé
şikbar; suspect, douteux
şikeft; grotte
şikestin; se casser, se briser
şil kirin; mouiller, tremper

şilek; arrosé
şilêl; seigle
şilikî; crêpe
şilî; humidité, pluie
şilîdar; pluvieux
şillek; crêpe
şimik; claquette
şiqitîn; glisser
şirav; robinet
şirikî; partenariat
şirîk; associé, partenaire
şivan; berger, pasteur
şiyar; éveillé, lucide
şiyar kirin; éveiller, réveiller
şiyarbûn; réveil
şiyarî; lucidité
şîn; bleu, deuil
şîr; lait
şîranî; pâtisserie, dessert, sucré
şîret; conseil
şîret kirin; conseiller
şîrîn; sucré, bien-aimé
şîrket; compagnie, entreprise
şîrvan; crémier
şîzofren; schizophrène
şok; choc
şolî kirin; troubler
şop; trace
şopandin; suivre, poursuivre
şor; salé
şor kirin; saler
şorbe; potage
şorbedank; soupière
şoreş; révolution
şoreşger, şoreşvan; révolutionnaire
şoven; chauvin
şûn; place, lieu, emplacement
şûn de; ensuite

şûnewar; ruine
şûngir; remplaçant
şûnwarnas; archéologue
şûnwarnasî; archéologie
şûr; épée
şûşe; bouteille
şûştin; laver
şût; tir
tablo; tableau
tabû; tabou
tabûre; tabouret
tabût; cercueil
tac; couronne
tafil; immédiatement
tahl; amer, âpre
tahmsar; fade
taksî; taxi
talan kirin; piller
talde; abri
tamîr; réparation
tamîr kirin; réparer
tampon; tampon
tarasî; reste
tarî; sombre, obscur
tarîtî; ténèbres, obscurité
tarîx; date
tas; bol
tasa serî; crâne
tav(ik); soleil
tawanbar; coupable
tawanbar kirin; accuser
tawanbarker; accusateur
tawandar; coupable
tawe; poêle
taxurk; brouette
tazî; nu
tazîtî; nudité
te; tu, te, ton, ta, tes

tebat kirin; patienter
tebax; août
tebeşîr; craie
tecrûbedar; expérimenté
tefandin; éteindre
tefandî; éteint
tehl; amer, âpre
tehm dan; pousser
teknîk; technique
teknîsiyen; technicien
teknolojîk; technologique
tekoşer; combattant
tekoşerî; combativité
tekoşîn; bataille
tekst; texte
tekûz; divin
telefon; téléphone
telefon girtin; raccrocher
telefon kirin; téléphoner
telekomand; télécommande
televiziyon; téléviseur, télévision
temaşevan; spectateur
tembel; paresseux, fainéant
tembelî; paresse
temen; âge
temirandin; éteindre
temirandî; éteint
tenduristî; santé
tenê; seul, solitaire
tenêbûn; solitude
teng; étroit
tengav kirin; déranger
tengezar; abasourdi
tengezarî; détresse, angoisse
tenik; délicat
tenîs; tennis
teokratîk; théocratique
teorîk; théorique

teqandin; explosion, exploser, crever
teqereq; bruit
teqez; certain, exact
teqîn; explosion
teral; paresseux, fainéant
teralî; paresse, fainéantise
teraqî; nectarine
teraz; équilibre
terazname; bilan
tercih kirin; préférer
tercîh; choix
ter(i)kandin; abandonner, quitter
term; cadavre, corps
termometre; thermomètre
teror; terreur
terorîst; terroriste
terzî; tailleur, couturier
tesediq; aumône
teselî kirin; consoler
teserûf kirin; économiser
teslîm kirin; rendre
teşt; bassine
tevahî; tous, tout
tevdan; bouger, mélanger
tevger; comportement, mouvement
tevîhev kirin; mélanger, mixer
tevkar; collaborateur
tevlê kirin; ajouter
tevlihev kirin; mélanger, mixer
tevlihevî; compliqué, complication
tew; jamais
tewandin; conjugaison, conjuguer, tordre
tewandî; tordu, conjugué
tewişandin; étonner
tewsiye kirin; recommander
tewş; vain, futile
teyfik; assiette
teyîd kirin; confirmer

teyr; oiseau
teyrê baz; faucon
teyrik; grêle
tê de; dans
têbar; coffre
têbinî; note
têger; contagieux
têgihînî; entendement
têgihîştî; intelligent
têhev; total
têkçûn; défaite, échec
têkildar; correspondant
têkilî; contact, lien, relation, connexion
têkoşîn; lutte
têkoşîn kirin; lutter
têkûz; ferme, solide
têl; fil
têr; rassasié, repu
têrnebûyî; avide
tif; salive
tif kirin; cracher
tije kirin, tijî kirin; compléter, remplir, charger
tije, tijî; plein, complet, rempli
tikandin; cliquer
tiliya biçûk; auriculaire
tiliya nîşandanê; index
tilî; doigt
tim, tim û tim; continuellement, toujours
tima; avare
timatî; avarice
tineyê; absence
tingî; son
tir; pet
tir kirin; péter
tiralî; paresse
tirek; péteur
tirembêl; voiture
tirî; raisin

tirk; turc
Tirkiye; Turquie
tirp; radis
tirs; crainte, peur
tirsandin; intimider, effrayer
tirsane; lâchement
tirsiyar; craintif, peureux
tirsiyayî; intimidé, effrayé
tirsîn; craindre
tirsokî; lâcheté
tirsonek; peureux
tirsonekane; lâchement
tirş; acide
tirşokî; acide
tişt; chose, objet
titûn; tabac
tiving; fusil
tivir; radis
tixûb; frontière
tî, tîbûn; soif
tîj; tige, pointu
tîm; équipe
tîmseh; crocodile
tîpandin; dicter
tîr; épais, flèche
tîrik; fléchette
tol; vengeance, revanche
tolaz; coquin, fainéant
tolgir; vengeur
tomar; inscription, enregistrement
tomar kirin; enregistrer, inscrire
ton; tonne
top; canon
tornevîde; tournevis
tov, toxim; semence
trafîk; circulation
traktor; tracteur
trembêl; automobile

trên; train
trompet; trompette
tropîkal; tropical
tu; aucun, toi
tu; tu
tu car; jamais
tualet; wc, toilettes
tub; tube
tund; brutal, ferme
tundî; violence, brutalité
tune kirin; exterminer
tunebûn; absence
tunekirin; extermination
turîzm; tourisme
tû; mûre
tû kirin; cracher
tû(k); salive
tûfrengî; fraise
tûj; pointu
tûnd; violent
tûnel; tunnel
tûrîst; touriste
tûtik; poule, poulet
tûzik; cresson
unîter; unitaire
utopîk; utopique
û; et
ûtî kirin; repasser
vagon; wagon
vala; vide, vain, futile
vala kirin; vider
vanîlya; vanille
vebêj; narrateur, conteur
vebijark; alternatif
vebijartin; élire
vebîner; découvreur
veciniqî; effrayé
vecînoq; craintif

vedan; creuser
vedîtin; trouvaille, trouver
vedor; période
veger; retour
vegerandin; retourner
vegerîn; revenir, retourner
vegir; contagieux
vegirî; invasion
vegotin; raconter, réciter, conter
veguherandin; varier
vehesîn; se reposer
vehesîner; reposant
vejart; exception
vejartî; exceptionnel
vejenîn; scintiller
vejîn; revivre
vejîner; réanimateur
vekhev; pareil
vekirin; ouverture, ouvrir
vekirî; ouvert
vekolîn kirin; rechercher
vekolîner; enquêteur
vemirandin; éteindre
vemirandî; éteint
venasîn; reconnaître
venêrîn, venihêrtin; vérifier
venigaş kirin; imaginer
veniştî; assis
venîştin; atterrir
veqetandin; séparer, trier
vereşîn; vomir
verêtin; saupoudrer
veşartin; cacher, enterrer
veşartî; caché, secret, enterré
vexwarin; boisson, boire
vexwendin; inviter
vexwendî; invité
vexwendname; faire-part, invitation

vêga; maintenant
vênerî; inspection
vêxistin; allumer
video; vidéo
vir; mensonge, menterie
vir kirin; mentir
viyan; vouloir
vizik; mouche
vîde kirin; visser
vîraj; virage
volkan; volcan
walî; préfet
wan; leur, ils
wane; leçon
war; espace, lieu
wate; sens
watenasî, watezanî; sémantique
we; vous, votre, vos
wec; gueule, visage
wehş; cochon, porc
wek; comme, similaire
wekhev; identique, égal
wekhevî; similitude
wekî; comme
welat; pays
welatîbûn; citoyenneté
welatparêz, welatperwer; patriote
welê; tel
werdan; rincer
werdek; canard
wergerandin; traduire
wergir; destinataire
wergirtin; prendre, recevoir
weris; corde
werîn; venir
werzîş; sport
west; épuisement
westabûn; fatigue

westandin; fatiguer
westiyayî; fatigué, las
westîn; se fatiguer
weşan; émission
wext; époque, temps
wexta; lors
wexta ku; lorsque
wextekî; autrefois
wezaret; ministère
wezinandin; peser
wezîr; ministre
wê; elle, son, sa, ses
wêdetir; au-delà
wêje; littérature
wêne; image, photo
wêne kişandin; photographier
wêneçêker, wênekar, wênesaz; peintre
wênekêş; photographe
wêr; courage
wêran; ruine
wêrandin; encourager
wêrankirin; destruction
wêrek; courageux, brave
wêrîn; oser
wiha, wilo, wisa; tel
winda; perdu
winda kirin; perdre
wî; il, son, sa, ses
wîlayet; préfecture
xaç; croix
xak; sol
xal; oncle maternel
xalbîhnok; point-virgule
xalîçe; tapis
xalîkerî; tapisserie
xaltî; tante
xalxalok; coccinelle
xam; cru

xan; auberge, madame
xane; case, gîte
xanim; madame
xanî; maison, domicile, logement
xapandin; tromper
xapînok; trompeur
xar; boule, bas
xaşak; déchet
xatûn; madame
xav; cru
xayintî kirin; trahir
xebat; métier, travail
xebatkar; travailleur, salarié
xeber; injure, insulte
xeberoşk; conte
xebitandin; travailler
xedar; cruel
xedarane; cruellement
xefandin; dissimuler
xela(yî); famine
xelatî; cadeau
xelek; bracelet, boucle
xelet; erroné, faux
xeletî; erreur, faute
xelk; peuple
xelûz; charbon
xem; souci, crainte, inquiétude
xembar, xemdar, xemgîn; pensif, triste
xemilandin; décorer, orner
xeniqandin; étrangler, noyer, étouffer
xeniqîn; se noyer, être étouffé
xera kirin; abîmer, détruire, démolir
xerabûyî; abîmé, détruit, démoli
xerdel; moutarde
xesar; dégât
xesî, xesû; belle-mère
xet; ligne
xeter; dangereux

xeterî; danger
xew; sommeil
xewirîn; s'évanouir
xewisandin; endormir
xewn; rêve
xewn dîtin; rêver
xewnereşk; cauchemar
xeyal kirin; imaginer
xeydan; brisé
xeyidî; fâché
xeynî; sauf, hors
xezîne; trésor
xeznok; coffre
xezûr; beau-père
xêra Xwedê; heureusement
xêrat; aumône
xêrhatî, xêrhatin; bienvenue
xêrkar; bienfaiteur
xêrnexwaz; malveillant
xêrxwaz; serviable, bienveillant
xêrxwazî; bienveillance
xêvik; idiot, stupide
xêviktî, xêvîtî; sottise, bêtise
xêvok; imbécile
xêz; ligne
xêz kirin; barrer
xêzan; famille
xêzanî; familial
xicik; cabane
xijikandin; traîner
xiltê kor; taupe
ximav; encre
xinzîr; cochon, porc
xir; pénis
xira kirin; démolir
xirabtir; pire
xirabûn; panne
xirabûyî; gâté

xiretî; honorabilité
xiristiyanî; christianisme
xirînî kirin; ronfler
xirmişandin; griffer
xirş; stérile
xirxirk; brouette
xişik; grêle
xişir; bijou
xiyar; concombre
xizan; pauvre, nécessiteux
xizane; coffret
xizanî; indigence, misère
xizmet; service
xizmet kirin; servir
xizne; trésor
xiznedar; trésorier
xîç(ik), xilik; caillou
xîret; honneur
xîsikîn; sangloter
xîsk; sanglot
xortî; jeunesse
xoşewîst; cher
xox; pêche
xristiyan; chrétien
xulamî; servitude
xuliqandin; création, créer
xunav; bruine, rosée
xurandin; gratter
xurifîn; démence
xurîn; démangeaison
xurme; datte
xurt; fort
xurtkirin; fortification
xuşilîn; ramper
xuya; apparent, visible
xuya kirin; apparaître
xû dan; suer, transpirer
xwarin; aliment, nourriture, repas, manger

xwarin çêkirin; cuisiner
xwaringeh; restaurant
Xweda; dieu
xwedan; possesseur, propriétaire
xwedayî; divin
Xwedê; dieu
xwedênenas; athée, mécréant
xwedênenasî; athéisme
xwedî; propriétaire, possesseur
xwedî bûn; avoir, posséder
xwedîkar; employeur
xwedîpar; actionnaire
xweh; sœur
xweh dan; transpirer, suer
xwekuj; suicidaire
xwekujî; suicide
xwelî; poussière, cendre
xwelîdank; cendrier
xwende; lecteur
xwendekar; élève, étudiant
xwendevan; lecteur
xwendin; lecture, lire
xweng; sœur
xweperest; égoïste
xwepêşan, xwepêşandan; manifestation
xwerû; limpide, pur
xwerûtî; pureté
xweser; autonome, indépendant
xweserî; indépendance
xwestek; envie, vœu
xwestin; désirer, vouloir
xwestî; fiancé
xweş; bon, joli
xweşbêj; éloquent
xweşdarî; compliment
xweşhal; content, joyeux
xweşikî; beauté
xweşmêr; gentleman

xweşnaz; aimable
xweyî; propriétaire, possesseur
xweza; nature
xwezayî; naturel
xwê; sel
xwê dan; suer, transpirer
xwê lê kirin; saler
xwêdan; sueur
xwêdank; salière
xwişk; sœur
xwîn; sang
xwîn bûn, xwîn jê hatin; saigner
xwîngerm; aimable
xwînsar; antipathique
xwînsarî; antipathie
xwînşîrîn; mignon
ya rastî; en vérité
yan; autrement
yanî; c'est-à-dire
yarî; farce, plaisanterie
yarî kirin; plaisanter
yarîker; malicieux, rigolo
yarmasî; dauphin
yazdeh; onze
yazdehemîn; onzième
yehûdî; juif
yek; un, unique
yekaheng; monotone, uniforme
yekalî; unilatéral
yekane; singulier
yekbûyî; uni
yekdengî; unanimité
yekemîn; premier
yekgirtî; unitaire
yekhêlî; unilatéral
yekîne; unité
yekîtî; union
yeknesak; monotone

yekpare; unitaire
yekreng; unicolore
yeksan; égal
yekser; aussitôt, direct
yekserî; directement
yekşem; dimanche
yekşêwe; uniforme
yekwateyî; identique
yunan; grec
Yunanîstan; Grèce
zagon; loi
zana; connaisseur, lucide, savant, sage
zanakî; sagement
zanatî, zanayî; lucidité, sagesse
zanist; scientifique
zanistî; science
zanîn; savoir, connaître
zanîngeh; université, faculté
zanîngehî; universitaire
zanko; université
zanyar; savant
zanyarê nifûsê; démographe
zar; langage, dé
zaravayî; dialectal
zargotin; folklore
zarî kirin; imiter
zarok; bébé, enfant
zarokatî; enfance
zava; gendre, jeune marié
zayend; sexe
zayendarî; sexualité
zayîn; naissance, naître
zebeş; pastèque
zehf; très
zehmet; difficile, dur
zehmetî; difficulté
zeîf; maigre
zeîf bûn; maigrir

zeka; intelligence
zekem; rhume
zekemî; enrhumé
zelal; limpide, pur
zelalî; clarté, pureté
zeliqandin; coller
zelût; chauve
zembîl; corbeille, panier
zemzîlok; balançoire
zend; poignet
zengil; sonnette, cloche
zenî; mâchoire, menton
zer; jaune
zerdeştî; zoroastrien
zerdeştîtî; zoroastrisme
zerdik; blond
zererek; lin
zerf; enveloppe
zeriqîn; briller, étinceler
zewac; mariage
zewacî; marital, matrimonial
zewicandin; marier
zewicîn; se marier
zewicî; marié
zewq; plaisir
zewreq; canot
zexel; tricheur, faussaire, trompeur
zexeltî; tricherie, tromperie
zexeltî kirin; tricher
zexm; solide
zexmandin; fortification
zexmî; solidité
zeytûn; olive
zêde; trop, abondant
zêde bûn; croître
zêde hez kirin; adorer
zêdek; plus
zêdetir; davantage

zêr; or
zêravî; doré
zibildank; poubelle
zik; ventre
zikmakî; congénital, inné
zilam; homme
ziman; langage, langue
zimannas, zimanzan; linguiste
zimbe; agrafeuse
zinar; roche, rocher
zincîr; chaîne
zindanî; détenu, prisonnier
zinde bûn; guérir
zindî; vivant
zingîn; claquer
zirar; dégât
zirav; délicat, élégant
ziravî; élégance
zirîn; hurler
zirkar; faussaire
zirkur; beau-fils
zirzek; stérile
zivir; retour
zivirandin, zivirîn; retourner, rentrer, revenir
zivirandî; retourné
zivistan; hiver
ziwa; sec
ziwa kirin; sécher
ziwabûn; assèchement
ziwakirî; desséché
ziwatî; sécheresse
ziyan; dégât
zîl; sonnette
zîl lêxistin; sonner
zîpik; grêle
zîrek; habile
zîz; fragile, tendre
zor; beaucoup, trop

zor dan; contraindre
zorbaz, zordar; dictateur
zordarî; cruauté
zordest; autoritaire, despote
zordestî; autorité, despotisme
zû; vite, tôt
zûzûka; immédiatement